Spinozana
Spinoza Kyôkai Review

スピノザーナ

スピノザ協会年報

2021-22

JN119162

18

スピノザーナ　*18*　*Spinozana*

〈特集＝日本のスピノザ受容〉

忘れられた翻訳者
——斎藤晌の生涯と思想

笠松 和也

　1932年、日本初の『スピノザ全集』の刊行が始まった。その訳者は、当時東洋大学教授だった斎藤晌。現在のスピノザ研究では、ほとんど顧みられることのない哲学研究者である。全4巻のゲプハルト版を同じ巻構成ではほすべて訳すという壮大なプロジェクトとして始まったこの全集は、残念ながら最初の2巻までしか刊行されなかった。なるほど、その後の研究史でこの全集の存在が無視されてきた一因は、そこにあるだろう。だが、それよりもはるかに大きな要因と思われるものが別にある。それは、斎藤自身がたどった思想的遍歴の問題である。確かに、斎藤は当初、唯物論研究会の発足に関わり、唯物論哲学への共感の下でスピノザ研究をしていた。ところが、当局による取り締まりが強化されると、あっさりと同会を脱退し、わずか5年のうちに今度は日本主義に傾倒する。そして、戦中期には紀平正美らとともに、日本主義の代表的な論客の一人となり、その影響で戦後には公職追放に遭っている。その点から言えば、斎藤は完全なる裏切り者であり、そのせいもあって戦後において意図的に無視されてきたものと思われる。

　しかし、なぜ当初唯物論哲学を掲げていた斎藤が、日本主義に転向しえたのだろうか。そこには、何らか思考の劇的な変化があったのだろうか。本稿では、斎藤の生涯をたどりながら、これらの問いを考察するとともに、この転向とスピノザ主義との関係を明らかにしたい。

1. 転向者の人生

　はじめに、斎藤晌とはいかなる人物だったのか、その経歴を概観しておこう。

　斎藤晌は、昭和前期〜中期に活躍した哲学者・漢詩研究家である。1898（明治31）年に愛媛県に生まれ、1924（大正13）年3月に東京帝国大学文学部哲学科を卒業した。[1] 在学中には、井上哲次郎から東洋哲学史、桑木厳翼からヘーゲルと19世紀哲学を学んだ。また、当時講師として、鹿子木員信がギリシア哲学史とプラトン『ソクラテスの弁明』の講読、紀平正美がヘーゲル論理学から着想した「行の哲学」、得能文が現代哲学（フッサール、リップス、ナトルプなど）、今福忍が論理学を講じており、彼らからも影響を受けたものと思われる。[2] 特に、のちに日本主義の理論的指導者となる鹿子木と紀平の両方が講師を務めていた時期に哲学科に在籍していたことは、のちの斎藤の経歴を考える上でも重要な鍵になりうる。

　1925（大正14）年には東洋大学教授に就任し、それ以降同大学で哲学概論、現代ドイツ哲学、現象学、ドイツ語を教える。[3] また、同時期には大東文化学院教授も務めていた。この時期は、ドイツの哲学者ヴァルター・エールリヒ（Walter Ehrlich, 1896-1968）の『カントとフッサール』や『形而上学の認識論的要綱』、スウェーデンの劇作家ヨハン・アウグスト・ストリンドベリ（Johan August Strindberg, 1849-1912）の『大海のほとり』[4] をはじめ、ドイツ語の哲学書や戯曲・小説を精力的に翻訳している。

　その後、1932（昭和7）年に戸坂潤、三枝博音、岡邦雄らが唯物論研究会を発足させた時には、発起人・幹事のうちの一人として名前を連ね、同会の機関誌[5]『唯物論研究』上で、スピノザ研究の視点から唯物論の模写説を擁護する論陣を張る。それと同時に、日本初の『スピノザ全集』の刊行を開始する。ところが、翌1933（昭和8）年に三枝が検挙されると、唯物論研究会を退会する。[6] それ以降は日本主義に傾倒していく。

　1938（昭和13）年には『歴史哲学――民族史観への基礎的予備概念』を刊行し、日本主義の理論的基礎になる民族概念を提唱する。その後、評論集『日本思想の将来性』（1939年）、『日本文化の諸問題』（1941年）を刊行している。他方、それと並行して、漢詩研究の成果を『日本漢詩　古代篇』（1937年）として発表する。太平洋戦争期には、高坂正顕や高山岩男らと同様に、大日本言論報国会理事を務める。さらに、1943（昭和18）年には、戦時下の出版統制を担った日本出版会の常務理事に就任する。これは1944（昭和19）年末まで続けた。

　戦後は公職追放に遭うが、1951（昭和26）年秋に追放が解除される。これを受け、1952（昭和27）年から明治大学教授を務め、1953（昭和28）年からは東洋大学教授を兼任した。1956（昭和31）年には東洋大学文学部長に就任している。この時期の著作としては、『スピノザ　倫理学』（1948年[7]）、『漢詩入門』（1954年）、『自殺の哲学』（1958年）、『悪の研究』（1959年）などがある。定年退官してからは、集英社が刊行した『全釈漢文大系』全33巻のうちの第15巻『老子』（1979年）を担当した。その後、1989年5月11日に老衰のため、東京都府中市の自宅にて91歳で死去した。[8]

2. 唯物論への接近

　物語の始まりは、1927年のソヴィエトにさかのぼる。スピノザ没後250周年に当たるこの年、モスクワ、ミンスク、キエフをはじめとする都市でスピノザにまつわる学会が相次いで開かれた。それらを主導したのは、プレハーノフの路線を受け継いでいたアブラム・デボーリン（Abram Deborin, 1881-1963）らのグループである。彼らは同国内の機械論的唯物論者たちを排撃し、一躍哲学界を席巻するようになっていた。[9]

　スピノザ哲学に対するデボーリンらの見解は一貫していた。スピノザ哲学を観念論者たちの手から救い出し、唯物論の陣営に引き込むこと。これこそが彼らの課題であった。この課題に最初に着手したのは、実はプレハーノフである。エンゲルス『フォイエルバッハ論』のロシア語訳をした彼は、その序文で「マルクスとエンゲルスの唯物論は、一種のスピノザ主義である」[10]と語っていた。その根拠は単純である。要は、マルクスとエンゲルスの唯物論がフォイエルバッハの影響を受けており、フォイエルバッハがスピノザの影響を受けていることに基づいた主張であった。

　この大まかな見立てを、スピノザのテクストから実証的に示そうとしたのが、デボーリンのスピノザ解釈である。　彼は論文「スピノザの世界観（Мировоззрение Спинозы）[11]」の中で、「マルクスとエンゲルスの唯物論は、一種のスピノザ主義である」というプレハーノフの言葉を引用した上で、スピノザのテクストのうちに唯物論的弁証法を見いだそうとしている。その際、彼が注目

したのは、以下のチルンハウス宛書簡の一節である。

　諸事物の多様性が延長の概念のみからアプリオリに論証されうるかどうか、あなたがお尋ねになっていることに関しては、それは不可能であること、したがって物質はデカルトによって延長として誤って定義されたが、むしろ物質は永遠にして無限な本質を表現する属性によって必然的に説明されなければならないことを、私はすでに十分明晰に示したと思います。(Ep 83)

　デボーリンが重視するのは、「物質は永遠にして無限な本質を表現する属性によって必然的に説明されなければならない」という表現である。彼の理解によれば、永遠にして無限な本質を表現する属性によって説明されるのは、実体に他ならない。実際、『エチカ』において、「神とは、絶対的に無限な存在者、すなわちその各々が永遠にして無限な本質を表現するようなそうした無限の諸属性からなる実体であると解する」(E1Def6) と定義されている。ゆえに、スピノザはここで「物質」を「物体」から区別して、「実体」と同一視していると、デボーリンは解釈する。この解釈にしたがえば、スピノザ哲学の中に、実体としての物質が延長と思惟の両方を規定するという唯物論哲学が見いだされることになる。

　もちろんスピノザ解釈としては、これは完全に誤っている[12)]。なぜなら、この書簡で論じられているのは、諸事物の多様性と延長との関係であり、実体と属性との関係は全く問題になっていないからである。実際、先ほど引用した「神」の定義に見られる「属性」が複数形であるのに対して、この書簡の中で言われる「属性」は単数形である。したがって、この書簡では延長という一つの属性しか念頭に置かれていない。むしろここで主張されているのは、諸事物の多様性が延長の概念からではなくて、運動と静止のさまざまな比率を生み出す属性としての延長から生じるということである。よって、物質を実体と同一視しているテクストとして解釈することはできない。

　しかし、スピノザ自身が物質と実体を同一視していないとしても、スピノザの言う「実体」を、現代の唯物論で言われる「物質」に対応づけることそのものの理論的な可能性は、依然として考察する余地がある。実は、この課題に日

本で一早く取り組んだのが、斎藤晌であった。斎藤は1930年代前半にデボー
リンから着想を得ながら、スピノザ哲学における「実体」を「物質」と読み替
えることで、スピノザ哲学を観念論の陣営から救い出し、唯物論として解釈す
ることを試みていた。

　スピノザ哲学を唯物論として考察するにあたり、斎藤がまず着目したのは、
「模写説 (Abbildtheorie)」ないし「反映説 (Widerspiegelungstheorie)」という主
題である。これは、「認識とは客観的実在が意識の中に反映されたものであ
る」と捉える考え方で、マルクス＝レーニン主義の認識論の基本的な立場とな
っていた。しかし、意識があたかも鏡のように、自らの外にある客観的実在を
映し出すというこの理論は、マルクス＝レーニン主義以外からは、素朴実在論
そのものであるとして厳しく批判され、当時すでに考察するに値しないとさえ
みなされつつあった。これに対して、斎藤はスピノザ解釈を通して、模写説擁
護の論陣を張ったのである。

　斎藤によれば、模写説をめぐる議論の混乱の原因は、従来の唯物論（素朴実
在論）と観念論の両方が、意識の形而上学的実体化を暗に前提としていること
にある。意識と事物を異なる二つの実体として同じ水準で捉えることから、観
念論の側で模写説への非難が生じ、唯物論の側もそれに有効に応答できないの
である。むしろ意識を実体とみなす考え方から離れなければならない。ここで
参照されるのがスピノザである。スピノザにおいて、実体やその変状が延長と
思惟の二つの属性から捉えられるように、意識と事物も一つの同じ事態を二つ
の側面から捉えたものにすぎない。このことから、「事物の側面からのみ見れ
ば、感覚はつまり事物が自己を顕現して他の事物に痕跡を印することに外なら
ず、純粋の客観的関係である。ところが意識の側面から見るとき模写関係が成
立するのである」と結論づけられる。[13]

　ただし、斎藤は、スピノザ哲学は模写説を擁護する「暗示」を与えてくれる
ものの、それ自体は時代的な制約から完全な唯物論にはなっていないと考えて
いる。というのも、いかに唯物論を暗示していようとも、スピノザは「実体」
を「物質」と呼ぶことはなく、依然として「神」という象徴に頼っているから
である。「自然と同一視せられ実体と同一視せられた神は、今日の我々の立場
から理解するならば、自然科学的な自然界の物質に加へるに歴史的社会を抱擁

した概念と見るほかなく、スピノザが旧式唯物論的体系の欠陥を克服するために無意識的に持ち込んだ象徴的概念である[14]」。その点で、「一個の神秘主義」にとどまることを免れえない。しかし、これはスピノザの方針が間違っていたわけではなく、時代的な制約によるものである。ここには文化体系の「黎明揺籃期」に出現した「神秘的傾向」が含まれているだけであり、スピノザはなおも「鋭敏なる先駆者」と称することができる。したがって、われわれがなすべきことは、スピノザの言う「実体」を「歴史的社会的過程」を含んだ「物質」として捉え直し、弁証法を通して従来の唯物論（素朴実在論）と観念論の対立を超えた真なる唯物論哲学へと、スピノザ哲学を昇華させることである[15]。この点に斎藤はスピノザ哲学の可能性を見いだしていた[16]。

　斎藤が唯物論研究会の発足に関わったのも、このような構想をもっていたからであった。だが、その構想は、唯物論研究会の中心メンバーであった戸坂潤、三枝博音、岡邦雄らの活動とは直接的に関係がなかった。戸坂らが進めていたのが、唯物論によるイデオロギー批判の実践であったのに対して、斎藤が構想していたのは、スピノザ哲学を真なる唯物論哲学へと昇華させることであり、最初から目指すものが大きくずれていたのである。それゆえ、斎藤その人にとっては、翌年の唯物論研究会からの退会は、自身の思考を転換するような重要な転機になりようがなかった[17]。

3. 日本初の『スピノザ全集』

　唯物論研究会の発足と同年である1932年、斎藤は内田老鶴圃から日本初の『スピノザ全集』の刊行を開始する。同全集第2巻の巻末にある刊行案内によれば、この全集は全4巻構成で、ゲプハルト版の巻構成にしたがって、第1巻に『短論文』、『デカルトの哲学原理』、『形而上学的思想』、第2巻に『知性改善論』、『エチカ』、第3巻に『神学政治論』、『政治論』、第4巻に往復書簡集を収録する予定だったようである。それゆえ、これは『ヘブライ語文法綱要』とかつてスピノザに帰されていた2篇の科学論文を除いて、ゲプハルト版に収録されたスピノザの著作をすべて翻訳するという壮大なプロジェクトであった。もっとも、実際に刊行されたのは、第1巻（1932年）と第2巻（1933年）だけであ

った。だが、第1巻所収の『短論文』、『デカルトの哲学原理』、『形而上学的思想』については、本邦初訳であり[18]、その点で意義は大きかったと言える。また、第1巻巻頭には、著作ごとの成立事情や手稿の情報、19世紀以降に刊行されたスピノザ全集および各国語訳のリストが記されていることも、特筆に値する。訳文や訳注についても、斎藤自身の解釈を前面に押し出すことはなく、むしろ正確に本文を読解し翻訳することに重点を置いている。

　しかし、この全集は刊行まもなく誤訳論争に巻き込まれる。その発端となったのが、『思想』第146号（1934年7月号）に掲載された畠中尚志「邦訳『スピノザ全集』の学的価値——斎藤晌氏の業績を検討す」という文章である。その中で、畠中はこの全集の翻訳が杜撰であると問題視し、特に第1巻を取り上げて、(1)訳文の数箇所に大きな脱落があること、(2)ゲプハルト版に拠ったと書かれているにもかかわらず、旧来の校訂版や訳本による補いが見られること、(3)訳語が不統一であることを批判している。そのうえで、「誤解・誤訳・悪訳」の例として、『短論文』の訳文から20箇所を取り上げ、その一つ一つについてどの点が誤っているかを指摘している。もっとも、「筆者が不完全として印をつけた個所は百に及んだ」（84頁）と述べられるように、この20箇所は畠中が気づいた誤訳の一部にすぎないようである。全体的に手厳しい批判であることは、文章全体の末尾にも顕著に表れている。「それにしてもかく杜撰な哲学訳書が世にそのまま行はれることは決して我が学界の名誉ではあるまい。若し訳者にしてこの仕事を真面目にやつてゆかれる意志があるなら、もつと十分なスピノザの思想の理解と学的良心とを準備されんことを筆者は希望する次第である」（85頁）。こうした畠中の断定により、斎藤訳の『スピノザ全集』はまるで学的価値がないかのような烙印を押されてしまう[19]。

　畠中が指摘した誤訳は、修飾関係の間違いや構文の取り違えによるものが中心である。例えば、『短論文』第1部第1章原注の中に、alschoon ik eerst dagt dat ik die verziert hadde (G I, 17, 17-18) という一節があるが、これを斎藤は「私がそれを最初に考へるならばそれを空想したのであらうが」と訳している。だが、この一節は英語に直訳すれば、although I first thought that I had feigned it となるように、全体でalschoon節を構成しており、直後に置かれる副詞nogtans（にもかかわらず）と呼応している。それゆえ、斎藤訳のよう

に、「～ならば～であろう」というふうに、条件節と帰結節からなると読むことは不可能である。畠中が指摘するように、「たとへ、それは私が虚構したのだと初めには考へたとしても」と訳すのが正解である。

　このように改めてオランダ語原文と突き合わせて検証すれば、畠中が指摘した20箇所のうち、16箇所は畠中の指摘どおりである。残りのうち、3箇所は誤訳とまでは言えず、1箇所は畠中の側の誤りであった。このことから、畠中による誤訳の指摘は、概ね合理的なものだったと言える。

　しかし、畠中の側も二つの点でフェアではなかった。第一に、斎藤の訳文があたかも誤訳だらけであるかのような印象を与える文章を書いたことである。これに関しては、筆者が改めてサンプルとして、とりわけ翻訳が難しい『短論文』第1部第7章と第2部第26章について、斎藤の訳文とオランダ語の原文を突き合わせたところ、単に読みにくい箇所や言葉遣いが独特な箇所を除いて明確に誤訳と断定できる箇所は、第1部第7章に10箇所、第2部第26章に10箇所あったのみである。この割合であれば、『短論文』全体で誤訳は300箇所程度であると推定できる。それゆえ、畠中が仄めかすほど、誤訳が極端に多いとは言えない。『短論文』が本邦初訳であり、原文自体がきわめて読みにくいことを考えれば、むしろ誤訳は少ない方であるとさえ言えるかもしれない。

　第二に、斎藤があたかもドイツ語訳から重訳したかのような批判をしている点もフェアではない。原文と突き合わせれば、斎藤がゲプハルト版のラテン語やオランダ語から訳出していることは明らかである。実際、『短論文』第2部第5章のテクストの入れ替えをはじめ、校訂上ゲプハルト版を参照しなければ反映されないような箇所が見いだされる。また、『短論文』は単なるドイツ語訳からの重訳であったとすれば、もっと誤訳が少なかったはずである。畠中もこれらに気づいていたはずであるのに、あえて触れずに斎藤があたかも重訳しているかのように批判したのは問題である。

　こうした畠中の批判に対する応答が、『思想』第147号（1934年8月号）に掲載された斎藤晌「スピノザの翻訳に就て――畠中尚志といふお方へ」という文章である。しかし、そこで斎藤は畠中がほぼ同年代であることに気づかず、むしろ自分よりもずっと若い学者が息巻いているだけだと勘違いして、誤訳の批判に対して真正面から答えずに、畠中を諭すような文を書いてしまう。これが火

に油を注ぐことになる。畠中は『思想』第150号（1934年11月号）に載せた「斎藤晌氏の謬見を正す——スピノザの翻訳問題を中心として」において、さらに厳しい語調で再批判を展開することになった。この再批判に斎藤は答えることがなかったため、誤訳論争は斎藤の完全敗北で終わったような印象を読者に残した。畠中が年少に違いないという斎藤の勘違いさえなければ、誤訳論争はここまでこじれることはなかったかもしれない。

4. 民族概念と歴史哲学

　1933（昭和8）年に唯物論研究会を退会した斎藤は、それ以降スピノザ哲学の唯物論的解釈に関する論文を発表することがなくなる。その代わりに増えるのが、日本主義に関わる論文や時評である。それらの中でもスピノザに言及することは稀であり、カントやフッサール等、他の哲学者に言及するのと同程度の扱いにしかならなくなる。このことから、一見すると斎藤は、時局にしたがうあまり、スピノザ哲学の唯物論的解釈を封印したかのように思える。

　だが、本当に斎藤の思考は変質してしまったのだろうか。ここでは、1938（昭和13）年に刊行された主著『歴史哲学——民族史観への基礎的予備概念』（以下、『歴史哲学』）を分析することを通じて、この問題を考えてみたい。

⑴ 歴史概念の検討

　『歴史哲学』は、斎藤が「民族」概念を彫琢することによって、日本主義の理論的基礎となりうる独自の歴史哲学を打ち出した著作である。その序論では、まず歴史概念の検討から始めている。斎藤は、歴史が一般に「出来事の記述」と「出来事そのもの」の両方を意味しうることを示した上で、次のように「歴史」を定義している。

　　歴史は出来事そのものであるか或は出来事の記述であるか孰れかに尽きるものであると云ふのではない。寧ろ歴史は記述そのものではなく、記述に於て象徴された或物であり、また出来事そのものではなく、出来事に於て顕現しそれを意味づけるところの統一的自己観照である。出来事そのものが歴史と

呼ばれ出来事の記述が歴史と呼ばれるのは、いづれも本来の歴史に意味づけ
られてゐるからである。(6頁)

斎藤によれば、出来事の記述や出来事そのものが「歴史」と呼ばれるのは、
派生的な用法である。むしろそれらを意味づける本来の「歴史」がなければな
らない。この意味での「歴史」を、斎藤は「統一的自己観照」と捉える。そし
て、この「統一的自己観照」は、直後で「理念」と言い換えられる。

本来の歴史は一つの理念である。けれどもカントの所謂理念——経験に於て
決して与へられることのない理性概念——ではなく、生きて働いてゐる現実
的理念である。しかも単なる全体性ではなく、個別的全体性としての現実的
理念である。(同)

統一的自己観照としての歴史は「理念」ではあるものの、少なくともカント
の言う意味での「理念」ではない。斎藤が主張するには、それは個々の生にお
いて働く現実的なものである。このことから、斎藤の言う「歴史」は、全体性
(統一性)、個別性、現実性を帯びた理念ということになる。これを「個別的全
体性としての現実的理念」と表現している。
　では、この意味での「歴史」の主体とは何だろうか。言い換えれば、歴史と
は何の統一的自己観照なのだろうか。斎藤は「本来の歴史は［…］一定の時代
に於ける一定の社会の統一的自己観照である」(8頁)といったんは規定した上
で、この歴史的社会こそが「民族」に他ならないと主張する。

我々がここで云ふところの歴史的社会は、原始時代を除けば、民族——現在
その大半は国家をなしてゐる——のことである。従つて本来の歴史は一定の
時代に於ける一定の民族のeine allgemeine Auffassungとして成立する。
(15頁)

ここにおいて、「民族の統一的自己観照としての歴史」という斎藤独自の歴
史概念が示される。そして、斎藤はこの歴史概念をもとに、ランケらが構想し

ていた「世界史」概念を批判する。

> 本来の歴史は民族と共に複数であるがゆゑに、歴史家の記述的歴史は其の孰
> れか一つから生産されると同時に、・一・切・の・民・族・、一・切・の・国・家・から抽象的に遊
> ・離・し・た・世・界・史・と・い・ふ・も・の・は・存・在・す・る・こ・と・が・で・き・な・い・。（17頁、傍点は原文のと
> おり）

　それゆえ、斎藤によれば、ランケらは自らの試みを「世界史」と称するもの
の、実際彼らが描いているのは、ヨーロッパの歴史を拡張したものにすぎず、
真なる意味での「世界史」にはなっていないのである[21]。

　ただし、斎藤は世界史というものが原理的に全く不可能だと考えていたわけ
ではない。というのも、現在において世界史が不可能であるのは、「ただ世界
が世界自身の持続約〔的〕な蓄積及び発展を自己の中に統一的に観照するやう
な一つの精神が今のところ現実的に存在してゐないから」（19頁）である。つま
り、裏を返せば、民族精神が発展し、世界全体に及ぶようになれば、世界史は
可能になる。実際、斎藤は「実践指標としての世界史」として、「民族の精神
が宿すところの歴史一般は、その精神の自己完成、自己実現が一切の民族群を
越えて自己自身を世界にまで高めることによつて多次元的に複雑微妙であつて
も兎に角一つの精神と称し得るまでに統制・同化されて自己の中に観照される
といふこと」（22頁）を挙げ、それが現実的な意義をもつことを認めている。そ
して、おそらく斎藤はその延長線上に、日本の世界史的役割を見て取っている。

> 今日、世界史は巨大なる転換期に立つてゐる。世界大戦後の欧羅巴は恰もペ
> ロポンネソス戦争後の衰兆、苦悶、反発、盲動の中に離合集散する希臘諸国
> の如く、一つの危機の前に戦慄してゐる。〔…〕恐らくは、巨大なる有機的国
> 家連合、かかる国家連合に適応した国家形態が次に来るものであらうか。兎
> に角、日本民族乃至亜細亜民族一般は永遠の不幸なる束縛を脱して新しい段
> 階の生活向上へと一大飛躍を遂げんとして、世紀の陣痛に呻吟しつつある。
> 日本がその指導者として起ちあがらんとしてゐるのは、特定の時代の日本の
> 政府や政治家達や特定階級の代表者などが欲すると欲せざるとに論無く、い

はば必然的に推し流されてゆくところの運命の洪水である。（226-227頁）

　このように、斎藤が打ち出した歴史概念は、当時の日本の時局とも直結する
ものであった。

(2) 民族概念の彫琢

　こうした歴史概念を踏まえた上で、斎藤は『歴史哲学』の中でさらに「民
族」概念を彫琢していく。それが集中的に論じられるのが、第3章「民族」に
おいてである。そこでは、「民族」概念を検討するにあたり、まず二つの立場
が批判される。一つは、近代国家のみが本来の意味での「国家」であるとする
国家主義の立場である。もう一つは、民族意識が一定の歴史的条件の下で民族
として現れるという唯物史観をもつマルクス＝レーニン主義の立場である。斎
藤によれば、前者の国家主義には「国家」と「民族」をめぐる混乱、後者のマ
ルクス＝レーニン主義には「民族」と「民族主義」をめぐる混乱が見られ、両
者とも「民族」そのものを正確に捉えることができていない。

　では、「民族」とは何なのか。斎藤は、エルネスト・ルナン（Ernest Renan,
1823-1892）、ゲオルグ・イェリネック（Georg Jellinek, 1851-1911）、ラムゼイ・ミ
ュア（Ramsay Muir, 1872-1941）、ウィリアム・マクドゥガル（William McDougall,
1871-1938）における民族概念を参照した上で、「民族」は二つの面から構成さ
れると述べる。一つは、人種（血）と言語であり、いわば「民族の肉体」だと
される。もう一つは、民族精神であり、それが民族意識として顕現するとされ
る。これら二つの面が揃うことで、初めて「民族」が成立する。

　斎藤によれば、この民族概念から見れば、ヨーロッパの現状は、国家と民族
が一致していない不完全な状態であると捉えられる。ドイツやフランスに見ら
れるように、ヨーロッパの国家は基本的に多民族国家であり、国家としての統
一を支える一なる民族がまだ成立していないのである。これに対して、日本は
古くから国家と民族が一致しており、国家を支える一なる日本民族というもの
が存在する。この点において、日本はヨーロッパの国々より優位にあるとされる。

　しかし、いかに日本が優位にあろうとも、民族というものは滅びることがあ
りうる。というのも、民族が人種（血）・言語と民族精神から構成される以上、

そのどちらかが失われると、民族として成り立たなくなるからである。その際、とりわけ重大な要件となるのは、民族精神の方である。なぜなら、民族はたとえ散り散りになったとしても、血と言語は子々孫々に受け継がれるかぎり、存続しうるからである。だが、仮に血と言語が存続したとしても、離散した人々から民族精神が失われると、民族としては滅んでしまう。よって、民族精神が永遠性の理念を伴って現れることが肝要であり、それこそが「民族の生命」であるとされる。

　だが、だからといって斎藤は民族が不変であるべきだと考えていたわけではない。むしろ「民族の概念は国家の概念よりも一層柔軟であつて、それぞれの発達段階に応じて類比的ではあるが内部機構を異にする民族概念が成立し得る」（92頁）と述べるように、民族は柔軟に変化していくものだと捉えている。斎藤はその例として、日本列島の土着民であった「大和民族」から、朝鮮と台湾を統治下に置く大日本帝国の「日本民族」、そして大東亜共栄圏の実現により生まれる「亜細亜民族」への展開を考えている。

　このように、斎藤が打ち出した民族概念は、ヨーロッパに対する日本の優越性を主張することだけでなく、日本の大陸進出を正当化することにも理論的基盤を与えるものであった。

(3) 国家と個人の対立の超克

　しかし、なぜ斎藤はここまで強烈に民族概念を打ち出さなければならなかったのだろうか。斎藤自身はその理由を次のように説明している。

　我々が今、民族と国家とを区別すべきものとしてこれからの探究を進めるのは、似而非国家主義に対して一防壁を築かんがためである。個人主義に対して国家主義を強調することは応病与薬的な効果はある。けれども形式的な国家至上主義は一見その反対極と思われる国際主義、国際連盟至上主義などに顛落する恐れがある。国際至上主義は一つの生ける現実よりも寧ろ一つの干乾びた形式に執着する。[…]我々は何故それに対して防壁を築くかと云へば、そこには人間性の涸渇と共に民族性の窒息が付随して現れるからである。（209-210頁）

　「似而非国家主義」が誰を念頭に置いているのかは、『歴史哲学』の中だけで
は分からない。だが、後年の座談会での発言から、西田幾多郎、田辺元、高山
岩男ら、京都学派の哲学者を指していると推定できる。斎藤の見るところ、彼
らは国家を重視しつつも、結局は欧米流の国際主義、ひいては帝国主義・植民
地主義に陥りうる議論をしてしまっている。その点で、彼らが説く「国家主
義」なるものは、日本国家にとって有害でしかない。

　斎藤によれば、こうした似而非国家主義者たちが国際主義に陥るのは、国家
と個人の対立を理論的に超克できないからである。そして、そのことが国家主
義に対する攻撃を許してしまうことになる。この攻撃は、(a)個人のための国
家を志向する人道主義的世界主義、(b)階級闘争により国家を廃絶しようとす
るマルクス＝レーニン主義という二つの陣営から加えられるが、国家と個人の
対立を前提とするかぎり、似而非国家主義者はこれらに対して決定的な反論を
示すことができないのである。

　斎藤が打ち出した民族概念は、まさにこうした状況に対処するためのもので
あった。民族一元論に立つことにより、国家と個人の対立を超克し、国家主義
に対する攻撃を防ぐとともに、その攻撃を許してしまう似而非国家主義を排除
しようとしたのである。

　さらに、斎藤の見るところ、国家と個人の対立は、観念論と従来の唯物論
（素朴実在論）の対立に対応している。実際、観念論の陣営に属する京都学派は、
国家主義の重要性を唱えるが、従来の唯物論（素朴実在論）の陣営に属する人道
主義的世界主義者たちやマルクス＝レーニン主義者たちは、観念的な国家より
も、現に存在する個人を重視する。そのため、理論的に見れば、斎藤の民族一
元論は、観念論と従来の唯物論（素朴実在論）の対立も超克するものだと言える。

　この構図は、実は斎藤が1930年代前半に展開していたスピノザ哲学の唯物
論的解釈の構図と同型である。実際、スピノザ哲学の唯物論的解釈では、物質
概念によって事物と意識の対立を超克することで、従来の唯物論（素朴実在論）
と観念論の対立を解消しようとしていた。これに対して、『歴史哲学』におけ
る民族一元論では、民族概念によって国家と個人の対立を超克することで、観
念論に基づいた国家主義と、従来の唯物論（素朴実在論）に基づいた反国家主義
の対立を解消しようとしている。驚くべきことに、ソヴィエト哲学におけるス

ピノザ解釈から着想を得た物質一元論が、日本主義に理論的基盤を与える民族一元論へと姿を変えているのである。このことから、たとえ転向によって斎藤の立場が正反対になったとしても、思考の根本的なあり方としては、斎藤は転向後においても何も変わっていなかったということが分かる。

5. 結　　び

　20世紀後半を通して、ソヴィエト哲学がアクチュアルなものから単なる歴史上のものへとなっていった一方、スピノザ哲学の唯物論的解釈がもつ奇妙な魅力は、今もなお失われていないように思われる[23]。そうした中で、斎藤の思想的遍歴は、少なくとも物質一元論としてのスピノザ解釈のうちに、日本主義の理論的基盤になりうる思考の型があることを、図らずも身をもって明らかにしている。現代のわれわれが、スピノザ主義の下でいかなる思考を展開するにせよ、過去の思想家たちと同じ隘路に陥ることは避けなければならない。その意味で、斎藤の思想は「忘れられた」では済まされないのである。

●注
1)　『東京帝国大学要覧 従大正十三年 至大正十四年』「付録」、12頁。
2)　東京大学大学院人文社会系研究科・文学部哲学研究室のウェブサイトでは、1895-1942（明治28-昭和17）年度の東大哲学科関連の全講義題目を入力したエクセルファイルを公開している（http://www.l.u-tokyo.ac.jp/philosophy/report/seika.html）。
3)　Cf.『東洋大学人名録　役員・教職員　戦前編』東洋大学井上円了記念学術センター、1996年、61頁。
4)　同書の翻訳は、1927（昭和2）年に岩波書店の『ストリントベルク全集』第7巻として刊行され、1933（昭和8）年に岩波文庫に収録された。
5)　唯物論研究会発足時の発起人は40名で、そのうち18名が発起人会に出席していた。斎藤もその18名のうちの一人であった。また、発足時の幹事は、小泉丹（生物学）、長谷川如是閑（社会評論）、小倉金之助（数学）、本多謙三（哲学）、三枝博音（哲学）、富山小太郎（物理学）、丘英通（生物学）、服部之総（歴史学）、斎藤晌（哲学）、戸坂潤（哲学）、岡邦雄（科学史）、内田昇三（生物学）、石井友幸（生物学）、並河亮（文学）、清水幾太郎（社会学）、羽仁五郎（歴史学）、林達夫（哲学）の17名だった（Cf. 古在由重『戦時下の唯物論者たち』青木書店、1982年、74頁）。
6)　斎藤の退会については、以下の二つの証言がある。Cf. 出隆『出隆著作集7　出隆自伝』勁草書房、1963年、496-498頁。舩山信一「昭和前期の日本主義哲学」『舩山

信一著作集 第七巻 大正哲学史研究』こぶし書房、1999年、497頁。

7) 同書は、『スピノザ全集』第2巻所収の『エチカ』を改訳し、新たに解題を付したものである。

8) 1989年5月12日付の『読売新聞』東京版朝刊31面に訃報が掲載されている。

9) だが、スピノザ生誕300周年に当たる1932年には、スターリン体制の下、マルク・ミーチン（Mark Mitin, 1901-1987）らによって、デボーリンらの観念論的傾向が批判され、その影響力は失墜した。これ以降、ミーチンらがソヴィエト哲学界の正統派として活躍することになる。Cf. George L. Kline, *Spinoza in Soviet Philosophy: A Series of Essays*, London: Routledge and Kegen Paul, 1952, pp. 1-47.

10) Фридрих Энгельс [Friedrich Engels], Людвиг Фейербах [Ludwig Feuerbach]: С приложеніями, Санкт-Петербург [Sankt-Peterburg]: Тип. Альтшулера, 1906, p. 11.

11) Cf. Kline, *Op. cit.*, pp. 90-119.

12) デボーリンのスピノザ解釈の問題点については、以下の論文が詳細に分析している。Jonathan Bushnell Bakker, "Deborin's Materialist Interpretation of Spinoza", *Studies in Soviet Thought*, Vol. 24, No. 3 (1982), pp. 175-183.

13) 斎藤晌「模写説の再吟味」『哲学雑誌』第48巻第559号、1933年9月、748-749頁。原文ではこの箇所全体に傍点が振られているが、引用に際しては傍点を省略した。

14) 斎藤晌「模写説の擁護——スピノザの生誕三百年を記念して」『唯物論研究』第2号、1932年12月、20頁。

15) その際、斎藤は、スピノザにおける「実体」を従来の唯物論で言われる「物質」とただちに同一視するヘッケルやプレハーノフらの物活論的解釈を退けている（「模写説の擁護」、20頁）。

16) 同時期には、次の二つの論文も書かれている。斎藤晌「スピノザの『人は思惟する』の特別な意味」『哲学雑誌』第45巻第521号、1930年7月、502-518頁、および「所謂スピノザ的平行論に就て」『哲学雑誌』第47巻第550号、1932年12月、1188-1197頁。前者の論文では、デカルトの「私は思惟する（cogito）」が、スピノザにおいて「人は思惟する（homo cogitat）」として受け継がれた点に「観念論克服の経路」が見いだされ、それを通じてカントによる独断論批判を免れていることが論じられる。「模写」や「物活論」の問題に触れられるものの、まだ唯物論への言及は表立っていない。おそらくデボーリンの論文を読む前に書かれたものと思われる。後者の論文では、スピノザの平行論に対する諸家の解釈を吟味することを通して、「スピノザの形而上学のかげに汎神論的衣装をまとつた巨大なる唯物論的体系が朦朧とその姿を隠見させてゐる」（1197頁）ことを見て取っている。論文の末尾には、「スピノザ倫理学の「神」は、「弁証法によつて自然的且つ歴史的な過程として把握される物質」に比較されることによつてのみ、その先駆的意義を獲得することが出来るであらう」（同）と書かれており、論文「模写説の再吟味」や「模写説の擁護」と同じ結論に達している。

17) 実際、斎藤は唯物論研究会を退会してからも、戦後までスピノザ哲学を唯物論哲学として解釈する見方が有効であると考えていた。その証拠として、1948年に刊行

された斎藤晌訳『スピノザ　倫理学』の解題に、次の一文が見られる。「坊間に流布する哲学史に誤られた先入見を取除いてスピノザの真面目に肉薄するには、読者自ら忠実に本書の頁と頁の間に没頭して見落とされた真理の珠玉を採取するのが最も捷経であると信ずる。さうすれば古代と東方とに発祥する汎神論の集大成者、ノヴァリスの言葉をもじつて呼ばれた所謂「神に酔払へる無神論者」にしてしかも弁証法的唯物論者の所謂「新興ブルジョアジイの革命的イデオロギーの先駆的代弁者」たる巨大なる自由人の足跡を辿り、その深遠無比なる形而上学的体系の中に多分に含まれてゐる新鮮潑溂たる現代的意義を発見することができるであらう」(26-27頁)。

18)　1932年の時点で入手可能であったスピノザの著作の日本語訳としては、小尾範治訳『哲学体系（エチカ）』（岩波書店、1918年）〔1927年に岩波文庫に収録〕、中山昌樹訳『エティカ』〔『世界大思想全集43』（春秋社、1929年）に所収〕、畠中尚志訳『知性改善論』（岩波文庫、1931年）があった。

19)　これに対して、戸坂潤は1934年11月9日付の『東京朝日新聞』朝刊6面の記事「哲学書翻訳所見」で、「翻訳者なり著者なりの仕事の全体から切り離して、又出版屋の資本上の制約からも抽象して、単に之やあれやの書物の出来栄えで人間の「学的良心」を云々することは、全く世間を見る眼を持たぬ非常識だ」と畠中を批判し、斎藤を擁護している。また、1934年11月19日付の『東京朝日新聞』朝刊9面の記事「篤学者と世間」でも同様のことを書いている。

20)　斎藤は1898（明治31）年生まれ、畠中は1899（明治32）年生まれである。

21)　これと似た批判が、高山岩男『世界史の哲学』（1942年）にも見られる。高山もまた、歴史的世界の多元性を主張することで、ランケらの「世界史」概念を批判している。この点で、斎藤と高山の問題関心には共通する部分があった。ところが、斎藤の高山評価はきわめて低い。実際、高山『世界史の哲学』刊行の翌年に当たる1943年に行われた座談会「日本的思惟を語る――紀平正美博士を囲みて」の席上で、斎藤は高山の名前をあえて出さずに、『世界史の哲学』を痛烈に批判している。その理由は、高山が同書で民族概念に触れつつも、結局は国家概念を中心にして議論を構成している点で、欧米流の国際主義、ひいては植民地主義・帝国主義に陥ってしまっていると、斎藤が評価したからである。Cf. 紀平正美、斎藤晌、田中忠雄、豊川昇「座談会　日本的思惟を語る――紀平正美博士を囲みて」『読書人』第3巻第2号、1943年2月。

22)　Cf.「座談会　日本的思惟を語る――紀平正美博士を囲みて」。

23)　特にフランスにおいて、スピノザ哲学を何としても唯物論哲学として解釈しようとする試みが見られる。例えば、モローやセヴェラックは、スピノザ哲学においてすべてを物質に還元するようなタイプの唯物論は見られないとしつつも、いわゆる並行論により、延長属性を思惟属性と同等に扱うことから、観念の水準に劣らず、物質の水準が体系を決定する役割を果たすという意味での唯物論を見いだそうとしている (Cf. Pierre-François Moreau, *Problèmes du spinozisme*, Paris: Vrin, 2006, pp. 63-69; Pascal Sévérac, *Qu'y a-t-il de matérialiste chez Spinoza?*, Paris: HDiffusion, 2019)。また、モローやボーヴァによって、スピノザとエピクロス主義の類似

性を強調する研究も行われている（Cf. *Archives de Philosophie*, Vol. 57, No. 3 (1994), « SPINOZA, ÉPICURE, GASSENDI »）。なお、日本においても、岩波文庫版のスピノザ『エチカ』上巻の表紙に「ドイツ観念論体系成立のうえに大きな役割を演じ、また唯物論的世界観のすぐれた先駆的思想である」という一文がいまだに残されていることを付言しておきたい。

A Translator Forgotten: The Life and Thoughts of Saitō Shō

KASAMATSU Kazuya

Around 1930, Saitō Shō (1898–1989) planned the first Japanese translation of Spinoza's complete works. Its first two volumes were published in 1932–33. Although he did not accomplish the plan, it was an ambitious project because he aimed to translate the whole Gebhardt edition except the *Compendium of Hebrew Grammar* and two scientific treatises. However, it is now almost forgotten even among Spinoza scholars. The main reason is his conversion to nationalism during World War II. In fact, he started his career as a materialist around 1930, but a few years later, he seemed to abandon materialism to support nationalism. Why was this conversion possible? Did it include any drastic theoretical changes? In this article, we overview his life and clarify the relationship between his conversion and Spinozism to answer these questions.

First, we analyze Saitō's articles around 1930, in which he offered a materialist interpretation of Spinoza. His source was Soviet philosophy, especially Abram Deborin, who intended to save Spinozism from idealists and bring it into the camp of materialism. Inspired by Deborin's project, Saitō attempted to interpret Substance in Spinoza's philosophy as Matter and consider Spinoza's philosophy as genuine materialism, which overcomes the conflict between Idealism and naive Realism.

After withdrawing from the materialist group in 1933, he rarely argued about Spinoza's philosophy. Even if he mentioned it, it had nothing with the materialist interpretation of Spinoza. Instead, his main concern was to improve the concept of ethnos and establish the philosophy of history, which provides theoretical foundations for nationalism. In *Philosophy of History*, he offered the monism of ethnos to overcome the conflict between states and individuals. Since Idealism emphasizes the role of states whereas naive Realism emphasizes that of individuals, the monism of ethnos has a similar structure to the materialist interpretation of Spinoza around 1930. Therefore, there was a certain coherence in his thoughts, although he changed his position from materialism to nationalism. This is why his conversion was possible.

Saitō's thoughts show us that the materialist interpretation of Spinoza inspired by Soviet philosophy allows a certain type of thinking which brings the theoretical foundations to nationalism. To avoid the same aporia that past thinkers faced, we must never leave Saitō's thoughts forgotten.

〈特集＝日本のスピノザ受容〉

西田によるスピノザとの対峙
——双方向性と絶対無

朝倉　友海

1. はじめに

　日本の近代哲学でスピノザに多く言及した哲学者として西田幾多郎（1870-1945）は目をひく。回数が多いだけでなく、初期から晩年にいたるまでコンスタントに言及している点でも、その影響の大きさが伺える[1]。これまでも西田とスピノザの関係は論じられてきており、竹内良知（1919-1991）や小坂国継（1943- ）に代表される論者によって、いくつかの論点が提示されてきた。竹内は実体論に焦点を定めた議論を行い、観念の力動性に両者の近さを認めつつも、西田による対決の不当さを強調した。一方、小坂は個物のあり方において両者の近さを積極的に認め、「往相」を主眼としたスピノザ主義と「還相」に重きをおく西田主義として対極的に位置づけてみせた[2]。実体や個物に焦点をおいて西田とスピノザの関係を扱ったこれらの所論は、日本の哲学に対するスピノザの影響を考える上で重要であろう。

　だが、西田によるスピノザへの言及はかなりニュアンスに富んでおり、その含意について再考の余地がある。実体をめぐる西田の批判には皮相に見えるところがあり、この点をめぐり彼のスピノザ理解の不十分さを指摘することには一理あるのだが、こうした観点に抜け落ちているのは、西田の思索にスピノザがずっと伴っている点だ。至福について最初期から見られる言及が、後に「身体」を主題化することで深められることなど、実体論批判と一緒にして扱えるものではなく、二人を対極的に位置づけることでうまく捉えられるものでもない。また、知への徹底的な内在において西田とスピノザに共通性があると従来

から指摘されているが、この論点は、そもそも西田哲学をどう理解するかに左右される。

　西田へのスピノザの影響を正確に理解するために、両者の思考様式を見据えた捉え直しが求められる。実体論が西田によるスピノザ言及の中心にあるとしても、あるいはまた、二人の哲学者の対極性が印象的であるとしても、これらはいわば単なる「結果」に過ぎない。そこに至る思考様式にこそ考えるべきことがある。西田哲学におけるスピノザの影を、両者の近さと違いをともに視野に入れて明らかにするためには、完成した理論形態ではなく思考様式に、言い換えれば思考の癖のようなものに注意を向ける必要がある。

　以下では、西田によるスピノザへの言及をめぐる一般的な前提と、竹内および小坂によってどのような考察がなされたのかの確認・整理から始める（2節）。その上で、両者とは異なった視点から、西田の思想をその生成過程において捉えることで、スピノザとの関係を平面的な平行論と立体的なそれという仕方で対比させ（3節）、実体論批判はあくまでもその結果に過ぎないことを明らかにする（4節）。さらに、身体や自愛・幸福をめぐって西田には実体論とは異なる諸点でスピノザから多くを汲み取っていることを論じる（5節）。

2. 実体論批判と内在主義（竹内と小坂の論点の整理）

　まずは、竹内と小坂の所論の検討から始めよう。

　西田とスピノザとの関係を論じるにあたって、実体論に焦点が据えられることは自然の流れである。西田がいうように、諸学問は実体的な見方から場所的な見方へと移行しつつあり、実体から函数へという移行があらゆる学問領域で起きていた。「場所的」とは非実体的ないし「無基体的」であることであり、別の言い方をすれば「函数的」であることと言い換えられる[3]。それに対し、哲学史上のスピノザは、実在する世界を実体的にとらえる段階に属し、その見方を極端に推し進める役割を担っていたと位置づけられる。西田哲学は〈実体抜きのスピノザ主義〉のように見える[4]。

　竹内の議論の特徴は、西田によるスピノザ批判はヘーゲルのそれを踏襲しているに過ぎないとし、その誤解を正そうとする点にある。竹内によれば「ヘー

ゲルはスピノザがデカルト哲学に反対して展開した議論をスピノザになすりつけて」おり、「ヘーゲルも西田も、スピノザが観念の十全性を発見したことの重要な意義を見落としている」（竹内8頁）。両者ともにスピノザがデカルトに対することで実体・属性といった形而上学の基本的な枠組みを根本的に作り変えていることを理解せず、「デカルトとスピノザの決定的な相違を見ない」、あるいは「スピノザがアリストテレスの主語的論理をのりこえていることを理解していない」（12頁）[5]。

　竹内はさらに、西田のヘーゲル評価もまた誤解に基づくものであると述べる。西田がヘーゲルについて「自己自身によって有り、自己自身を限定する新実在の哲学的原理」を把握したと評価したことに対して、それはむしろ「ヘーゲルではなくスピノザである」と言うのだ。「スピノザ哲学は、デカルトの実体から出立して、その主語的論理の極に達したもの」（10: 127）（旧11: 160）という西田の見立ては、スピノザに対する誤解に基づくのであり、むしろヘーゲルの良い部分こそスピノザに帰されるべきだ、と言うのである。スピノザにこそ「実体の主語的性格を徹底的に克服した」功績が帰されねばならず、この点で「西田はヘーゲルによりも、むしろスピノザに近いところに立っている」――こうして二重の誤解の上に、「西田はスピノザ哲学の独自性を見落としてしまった」（竹内22頁）。

　こうした論調の背景には、二〇世紀中盤のある種のスピノザ研究の動向が見て取れる。本稿ではこの点には立ち入ることを避けるが、西田によるスピノザ理解が果たしてヘーゲルに起因するものなのかどうかは改めて検討を要するだろう。

　これに対し、小坂はあくまでもテキスト内在的な読解に基づきつつ、西田とスピノザの共通点と相違点がどこにあるのかを探っている。重要な内容は以下の二点にまとめられる。

　第一に、西田とスピノザの共通点を規定しようとするなら、一言で言えば「内在主義」ということになる。個物と普遍が「相互に対立的・超越的な関係にあるとは考えられていない」だけでなく、逆に「相互に内在的な関係にある」と考えられている（小坂134頁）。スピノザの場合、個物は実体の様態modusであり、つまりは属性の変様affectioである、言い換えれば「限りにおける神」である。この点で、個物と普遍は「相即的」でさえある（135頁）。西

田についても同じことが言え、「われわれの自己の根底」として「絶対無の自覚」がある (144頁)。スピノザが述べる「神に対する知的愛」が同時に「神の愛」であるのと同様に、西田がいう「絶対無の自覚」は「絶対無が自覚することであると同時に、絶対無を自覚することなのである」(147頁) として、その近さを強調している。

　第二に、「往相」としてのスピノザ主義と「還相」としての西田主義が対立的ないし対極的に位置づけられる。近さの強調によって逆に対立点が明確となり、両者を対蹠的に捉えることへと帰結する。ここで「往相」とは実体や絶対無への「上昇」ないし没入のことを指しており、逆に「還相」とはそこから個体への「下降」ないし「行為的・歴史形成的」な自己の「顕現」のことを意味する (小坂77頁)。小坂によれば、スピノザは「普遍的一への帰入の方向」を主としているのに対して、西田では「普遍的一の自覚的限定としての個物の顕現の方向に重点がおかれている」(148頁)。

　ただし、以上二点への集約に基づくかぎりでは、論点に対して疑問が残るであろう。上記の対立点を導き出すにあたり、小坂はスピノザと西田をつぎのように印象的な仕方で対比させている。

　　一方は静的な実体の立場に立っているのに対して、他方は行為的な自己の立場に立っていること、また一方は「主語主義の論理」であるのに対して、他方は「述語主義の論理」であること、さらには、一方は普遍主義的な「無世界論」であるのに対して、他方は「個体的人格主義」ともいうべき立場であることにおいて、相互に、いわば対極的な立場に立っている。(小坂134頁)

対比を際立たせるためとはいえ、ある種の構図がここに浮き出ている。スピノザが「普遍主義的な「無世界論」である」という特徴づけや、さらには「普遍的一への帰入の方向」に重きをおいているという見立てに対して、疑義を差しはさむことは可能であろう。

　とりわけ疑問となるのは、西田が「述語主義の論理」であるという特徴づけの内実である。何をもって主語的と言い、それに対して何を述語主義的と呼ぶか、少なくとも竹内や小坂の論述を通しても、なお問われるべきことが残って

しまう。注意が必要なのは、自らの思想を「述語主義」と呼んでいた一時期が西田にはあるにせよ、そもそも認識主観による構成へと目を向けることを西田はすでに述語主義的と呼んでいる点だ。⁶⁾だとすれば、それをもって西田哲学の特徴とする点に、検討の余地が残るように思われる。

　西田のスピノザ批判を言葉通りに受け取ることにも、西田とスピノザの違いを特徴づけることにも、様々な疑問が残るのは、あまりに大きな構図に依拠した論述になっているからだと思われる。スピノザや西田に特徴的に見られる思考法に即して、もう少し検討を続ける余地がある。確かに西田がスピノザ的実体を主語的と評したこと、それに対して「述語主義」を唱えたことは否定しがたい⁷⁾。しかし、完成された理論内容や言表ではなく、ダイナミックに変動していく中期西田の思考においてスピノザが果たした役割に注意するならば、上記のような構図には収まらない側面が見えてくる。

3. 双方向的超越――平行論の拡張として

　西田自身は思想家の「骨」を捉えよと述べていたが、西田自身についても同じことは言える。彼の思想を動かす思考の癖へと、我々は目を向ける必要がある。そのとき、〈スピノザは主語主義的で西田は述語主義的である〉という対比もまた別の様相を呈するだろう。

　西田にその論理的定式化の努力が見られるのは、相反する双方向への超越という着想である。中期には「主語と述語との両方向への超越」といった表現が多く用いられ、述語主義といった一方向性ではなく、主語・述語の両方向への追究が行われる。また、「ノエマとノエシスの方向に超越すること」といった表現が用いられる⁸⁾。これもまた、双方向的な超越である。この点は後の相即の考え方に直接につながっていく――『一般者の自覚的体系』の後半から『無の自覚的限定』にかけて現れてくる、「内部知覚即外部知覚、外部知覚即内部知覚」や「精神的・物質的、物質的・精神的」といった相即をめぐる考察である。さらに言えば、相反する方向への超越というモチーフは、中期西田の思想の中心にあるだけでなく、後期に至る起点ともなっている。

　双方向性においてとりわけ重きがおかれるのは、行き着く先が互いに反転す

る点である。以下の論述では、簡便のために「内」と「外」という両方向を用いることにしたい。「外」から我々に迫ってくるものは、実のところ内から我々を突き動かしてくるものと区別できない。単に区別できないだけでなく、両者はセットになっている。「内」もまた異質である点で、また、「外」として立ち現れるものも我々を「内」から決定している点で。西田はこれを、「外の不可思議は内の不可思議でなければならぬ」(5: 45)(旧6: 57)であるとか、「外からの限定を内からの限定となす」という仕方で、言い表している。[9]

　事物が対象的に限定されることが、意識の内側からの限定と結びついているという論点をもう少し見てみよう。事物が対象的に限定されることを「構成」と呼ぶとすれば、意識が内側から限定されることは「映すこと」と呼ぶことができる。この二つが区別されかつ共にあることを西田は強調し、次のように述べる。

> 我々の真の自己というべきものは暗い世界に於いてあるのではなく、明るい世界に於いてあるものでなければならない……感官に直接する外の世界と考えられるものが内の世界であり、考えられた自己の世界という如きものは却って外の世界でなければならぬ。……感覚とは不完全なる意志的行為と考えることもできる。(5: 100)(旧6: 126-127)

こうした考察において内と外は反転している。事物やイデアについても、外の事実だけでなく内の事実（内部知覚という事実）についても同様である。例えば、知覚は「外からの限定」であり、衝動は「内からの限定」である。だが、知覚には衝動的な側面があり、そのため「内的の意味を有って来る」とともに、衝動もまた「その底は不可知的である」ために「外的であるということもできる」(5: 46)(旧6: 59)。このように、内から突き動かされることと外から迫ってくることとは、表裏一体となっており、同様のことは主語・述語など他の双方向性についても言える。[10]

　ここで、もっとも外的なものへと目を向ければ、事実や事物と呼ばれるに行き当たる。しかし、もっとも外的なものとしての事実そのものもまた、私たちの内奥と結びついている。つまり、「事実」や「事物的なもの」は「自覚すべくして未だ自覚せざる自覚的なるもの」(4: 359)(旧5: 453)とも言える。外から

迫ってくるものを見ることが、内なる自分を見つめることとなる。逆に、「見られた自己が自己の意義を失った時、物となる」(5: 13)(旧6: 15)、あるいはまた、「意味の世界が自己自身の自覚的限定の意義を有った時、我々の事実の世界と考えるものが成立する」(5: 29)(旧6: 37)とも言える。外へと目を向けることと内省ないし自覚の進行は、いわば同時的なのだ。[11]

　双方向性は、「自覚」の語のもとにとらえられるところの意識の根本的な構造である。もちろん、西田は「自覚の本質」を、「我を超越したもの、我を包むものが我自身であるということ」(3: 350-351)(旧4: 128)などと言い表す場合がある。だが、真逆の二つの方向上で超越するという双方向性によってこそ、「我を包むものが我自身であるということ」が示される。この双方向的な超越という発想こそ、「自覚」の語のもとに西田が捉えたものである。この発想が中期西田哲学の動力となっている。

　この発想はスピノザとどう関係しているのだろうか。一見すると、「自覚」をめぐっては、スピノザではなく他の哲学者の名を西田は好んで挙げており、デカルトやライプニッツの名を挙げることで、西田は自分との近さを強調する。しかし、スピノザの思索はデカルト的な「自覚」の哲学に立脚しており、我々の思惟がもつ「観念」の対象性と、観念としての形相性(思惟としての実在性)との関係において実在の力動性を捉える点に特徴をもつ。西田はこう書いている——「内に入るは外に出づるにあり、之に反して物体の本は概念にあることはSpinoza: Ethica p. 1, Prop. 15, Schol.」(「純粋経験に関する断章」16: 89)。テキスト上では目立たないけれども、延長属性をめぐるスピノザの所論を西田は、双方向性をめぐる議論として意識していた。属性間の関係をめぐる平行論を支えるのが「観念」の理論であるとするならば、平行論と双方向的思考との関わりを考えることは正当化される。[12]

　双方向性に西田とスピノザのかかわりを見て取ることは、たんに可能なだけでなく必要なことでもある。しかし、そもそも西田が平行論とどう向き合ったかは、テキスト上で明確に示すことは難しい。西田が平行論について、「物と心との並行が考えられる」というとき、物とは「我々の身体と考えるもの」(4: 236)(旧5: 295)である。この確認した上で、後期西田は自身の考察をスピノザと「正反対である」と特徴づける。

　精神と物体という二つの実体があって、それが結合するのではなく、矛盾的
自己同一的世界の相反する両面であるのである。私はスピノーザとは正反対
であるが、精神的・物質的、物質的・精神的なる所に、実在的世界があるの
である。（10: 29）（旧11: 34-35）

　同じ論文では、「精神と物体との相互関係については、スピノーザ以来、人の
云う如き意味に於て、平行論的に考うべきではなく」（10: 45）（旧11: 56）とも述
べており、表面的にはいかにも批判的な論調が目につく。だが、（実体論の場合
とは異なり）何を批判しているのかはいかにも不鮮明である。

　なぜ西田は平行論に対して批判的でありつつ曖昧な態度をとっているのだろ
うか。批判的な態度については理由がはっきりしている。西田は、平行論が単
に精神を物体化することに帰着するほかないと考えていた。精神現象を客体
化・物体化することにより、少なくとも主観・客観図式のもとで精神現象は取
り逃されてしまう[13]。だが他方で、事柄として見た場合には明らかに、西田にお
ける双方向的な超越というモチーフは、平行論的な考え方を別の仕方で推し進
めたものとなっており、西田もその近さを意識せざるをえない。スピノザの場
合は、対象のもつ相互連関性は、観念そのものの相互連関性と等しいと考えら
れ、ここで「等しい」とは、この二つが不可分的であること、連動しているこ
とを指している。「世界の相反する両面」をめぐる両者の思想は、いわば重な
っている。「正反対」と述べつつも、西田はこの発想の近さを無視することが
できなかった。

　重なるといっても、スピノザと西田のあいだには重要な落差がある。少なく
ともスピノザにおいては、同一の平面における並列的な関係について考えられ
ていた。たとえば、対象の側での超越性が観念そのものの側にどのような対応
物をもつかといったことは問題にならなかった。これに対して、西田の場合は、
いわば奥行きをもった連関性を考えていたと特徴づけることができる。双方向
的な超越とはまさに、対象の方面での超越的関係つまり認識を外部へと超越し
ているという関係性が、認識主観の側での内部への超越と連動している、ある
いは「等しい」と考えられるからである。このような発想はスピノザの中には
見出すことはできない。西田の双方向性は、平行論に奥行きを与え、拡張して

いるのである。

　少なくとも、スピノザの平行論をめぐる煮え切らない西田の態度は、文字通り受け取られるべきではない。知がもつ双方向性について、それをスピノザが観念について見出したものであると積極的に認めることができるとするならば、西田の自覚の思想に見られる双方向性の追究もまた、平行論を拡張したものと見ることができる。この点を次に、西田がより態度を鮮明にしている実体をめぐる論点を見ることで裏付けよう。

4. 絶対無の理論——実体論に代えて

　観念をめぐる平行論的な考察が『エチカ』の存在論を支えているように、知の双方向性の考察は西田をして場所の思想へ導く。ただし、双方性な超越の考察は、いわば奥行きをもった連関におけるものであるため、それが導く考察もまた多くの層が重ねられた重層的なものとなっている。以下では、絶対無の場所の思想へと至る西田の考察にどのようにスピノザとの関連が見られるのかへと目を向ける。

　双方向性の発想がどれだけスピノザと関わるかは、テキスト的にははっきりしない。しかし、観念をめぐる考察が実体論へと直結するスピノザ哲学と同じように、西田もまた自覚をめぐる知の双方向性から絶対無の場所へと移行する。よく知られるように、論文「内部知覚について」（1924年）で「場所」つまり「我が我を知る場所」について語り出す直前に、西田は次のようにスピノザに言及している。

　　私は多くの反対を予期しつつも、認識主観の背後に、自己自身に於てあり、
　　自己自身によって理解せられるスピノザの本体を認めたいと思う。自己自身
　　によって理解せられる本体は我々の認識の基礎となるものでなければならぬ。
　　(3: 336)（旧4: 108)

この認識主観の背後としての本体は、「基体なき作用としての本体」(3: 345)（旧4: 120) として考察され、それが「「自己に於て」ということ」(3: 350)（旧4: 127)

として、つまり「我が我を知る場所」（同）として捉えられたのである。このように西田は「場所」の考察に入るときに、強くスピノザを意識していた。そのため、知の双方向性から場所へと進む西田の歩みに、スピノザが観念についての考察（『知性改善論』）から『エチカ』の実体論へと進むその歩みを重ねてみることには、十分な根拠がある。

　実際に重ねてみることで、その違いも明瞭に見えてくる。まず、平行論は、物体としての対象とその観念としての精神について言われるとしても、両者はともに属性の様態として等しく捉えられている。すでに述べたとおり、スピノザによる物体と精神の捉え方はきわめて平面的である。一方、西田の場合は対照的に、対象（ないしノエマ）の方面にも、またそのノエシスの方面にも、奥行きがあり、その奥行きの深さが両方向で連動する。そのため、対象の方向に行き着く先こそ、まさにノエシスの方向への行き着く先を開示するものとなっている（これは主語述語形式でいえば、主語の方向と述語の方向への深まりでもある）。双方向性において立体的にとらえることで、対象の方面にも観念そのものにおいても重層的なとらえ方が可能となる。

　双方向的な超越から導かれるのは、外的な方向への超越が極まるとき、同時に内的な方向への超越も極まるということである。すでに述べたように、前者は「事実そのもの」という概念において極まるであろう。それは物自体とか、無対立的対象とか、いろんな言い方で名指されるところのものであるが、『一般者の自覚的体系』の後半から『無の自覚的限定』にかけて、「事実そのもの」という語が多く用いられるようになる[14]。この時、内的な方向での超越がどう捉えられるかが場所の理論の焦点となる。「超越的対象の思考ということから、逆に超越的自己というものを考える」(4: 114)（旧5: 139）と西田が述べるように。

　事実がもつ明証性や有無を言わせぬ非合理性もまた、超越的とはいってもやはり我々によって掴まれるものに他ならない。意識的自我に対して超越的であるにしても、意識に内在しているのでなければ思考されない。超越論的で範疇的な限定によって客観化されているとも言えるだろうが、それでもやはり超越的なものが残るとすれば、それは何に基づくか。事実の「場所」は超越論的統覚のさらに背後にあるものであろう、外への超越は内への超越でもあるからだ。この場合は先の方向とは逆に、「我々はノエシスの方向に超越することによっ

て、ノエマの方向に超越するのである」(4: 109) (旧5: 134)。

　事実そのものに向き合っているとき、ノエシスの方向には、意志による限定があり、行為する自己がある。だが、端的に事実が厳として存在するのであるから、むしろ無からの限定があると言わざるを得ない。このことを西田は当初、自由意志の根源をめぐる思索において示せると考えていたし、その理路は後まで保持されている。「自由意志」(1932年) ではこう述べられている。

> 現実の底に、すべてを消しすべてを始めると考えられるものに撞着する所に、唯一なるものの自己限定として、自由の意義があるのである。我々が絶対の無に接すると考えられる所に、我々に最も内的なるものに接すると考えられ、自己自身の行為が唯一なるものの自己限定として創造と考えられるのである。(5: 244) (旧6: 311)

「最も内的なるものに接する」とき、双方向的な超越においてはもっとも客観的なものとして事実そのものに撞着する。つまり、事実そのものこそが、絶対無の自覚においてある最後のものということになる。

　事実が絶対無の自覚においてあるというのが、双方向性の発想による内外の相即というモチーフの、場所の思想での展開がもたらした一つの帰結である。限定するものが何もないところでの自己限定、言い換えれば絶対無の自覚的限定が、内在的であること・「知る」ことの根本構造である、という主張である。純然たる外的知覚に基づく客観的な判断と思われるもの、例えば「今庭園に於て鳥が鳴く」といった判断もまた、自覚的限定によりもたらされる (5: 97-98) (旧6: 123)。双方向的な超越が行き着く先は事実そのものと絶対無の対であり、そこにおいて超越即内在ないし内在即超越が成就するのである[15]。

　さて、小坂が述べたように個物と普遍との相互的な内在として取り出されるところの西田哲学の発想を、先に双方向的な超越という仕方で取り出しておいた。その上で、内側に超越することで外側へも超越するというこの発想から帰結するものこそ、絶対無の場所をめぐる理論であると述べた。一方、スピノザが「観念」のもつ双方向的な力動性から、その存在論的な構造を問うことで実体論へと向かうとき、あくまでも主語的・対象的なものを注視していることは

否定できない。対象的存在に対する形相的存在（観念そのものの存在）といっても、それは思惟属性における様態であるのだから、やはり何らかの対象（対象としての観念）に帰着している。それに対し、真に双方向性を徹底すれば、絶対無をもって実体に代える場所論へと行き着く、ということになるだろう。

　以上から、二つの論点を確立することができる。第一に、平行論と重なる自覚の双方向性によって、実体論に代わる場所論が導き出されるという点。第二に、実体論に関するかぎり西田のスピノザ批判はむしろ文字通りにとられるべきという点。西田のスピノザ批判を不当なものとして非難するとき、見逃されているのはこうした論点である。

5. 世界の一隅としての自己（身体と自愛について）

　実体論批判は文字通りに受け取られてもよいとしても、自愛・至福などの論点に目を向けるならば、スピノザへの賛同が目につく。西田はこの点で一貫してスピノザに敬意をはらっており、そもそもスピノザ哲学もそこへ向かうものである以上は、実体論よりもむしろ自愛や幸福をめぐって両者の関係を見る方が、自然でもある。たしかにこの点はこれまで主に取り扱った西田の中期思想においては他の論点に隠れているのだが、後期へと目を向けると異なった姿が確認できるので、駆け足で見ておきたい。

　前提として、西田哲学の時期区分について簡単に触れておけば、本稿では西田哲学を、西田が西田になる前の初期作品たる『善の研究』を外して、前期として『自覚に於ける直観と反省』を中心とする著作群、中期として場所の時期、後期として『哲学の根本問題』以後を考えているが、これは西田自身が晩年にそう認識していたことでもあった。『哲学の根本問題』正・続を『哲学論文集』首巻として改版しようとした際に書いた序文（1944年）は、この区分を裏付けている。

　　私の思想は「善の研究」を別として、「自覚に於ける直観と反省」を中心としたものを第一期、「働くものから見るものへ」から「無の自覚的限定」までを第二期、「哲学の根本問題」から今日に至るまでを第三期と分つことが

できると思う。此書以後のものは、順序を追うて「哲学論文集」の中に収められてあるのである。此書を首巻として論文集の最初に置くことを適当と考えた所以である。[16]

　絶対無を見出した後の身体についての問い直しが、中期から後期へと西田哲学を導くが、そこでもスピノザが手掛かりとなる。既に見てきたように、双方向的な超越についての思想は、「自覚」の語のもとに深められたが、自覚は単に認識論的な観点からのみ論じられるものではない。自己を知ることは単に認識上のことではなく、「自愛」と強く結びついた行為である。西田が『一般者の自覚的限定』の後半部から強調し始めるのはこの点である。
　具体的に自己について考えるにあたり、西田はむしろライプニッツへ接近するというのが通念となっている。[17]直観するとは、つまり世界を映すことは、世界の一観点として映すということだと後期西田は述べている。

　　我々の自己が世界を映すことは、逆に世界の一観点となることである。これ
　　が知ると云うことである。我々の自己は絶対矛盾的自己同一的世界の個物と
　　して、どこまでも個物的となるに従って、過去未来を含む絶対現在の自己限
　　定としての世界を映す、即ち知るという可能性を有する訳である。(9: 434)
　　(旧10: 437)

自覚とは反省というよりもむしろ「自己を外に映す」ことであり、行為的かつ「表現的形成的」に私たちは現実の中で自覚していく。[18]行為するということは表現することであり、かくして自己を外に映すことである。
　しかし、すでに中期から、「真の見る自己となる」とは行為的となることであると述べられていた (4: 346)(旧5: 436)。自己そして人間を行為において「業」的に見る見方は、ライプニッツ的というよりも、むしろ『エチカ』におけるスピノザ哲学に近い。私たちは自己自身を限定する事実として、歴史的世界において存在している。こうして「業」的に自己を、そして人間を見ようとするとき、二つの方向からの追究が行われる。まず、外的な方向では、事実そのものからさらに「汝」や「他」へと超越が突き詰められる。もちろん、

「汝」はたんに外的なわけではなく、双方向的な超越そのものに関わるテーマではあるのだが、自己が対峙するものとしてはやはり外的と位置付けることができる。よく知られたこのような思索は、相反する方向の相即をめぐる後期思想につながっていく。

　こうした追究に先立って、内的な方向での「身体」をめぐる思考が、中期西田に見られる。「業」的に自己を具体的に考察するとき、つまり自己限定を身体に即して具体的に考察するとき、「世界の一観点となる」というのは抽象的な見方なのであって、自覚と切り離せないものとして浮かび上がってくるのは身体的な自己であり、それと結びついた「自愛」である。こうした思索は、『一般者の自覚的体系』の後半で大きく進められている。

　この時期の西田は、自覚を一転して自愛から説明しようとし、自覚的なものがすぐれて「情意的なもの」であることを強調する。よく知られているように、中期西田が自覚的なものに知情意の三段を区別するとき、感情的自己をその典型的なものとして、知的自己をその入り口に、そして意志的自己をすでに自覚的なものを超えたところに位置づけようとした（「叡智的世界」）。情意的な対象界は身体的な世界でもある。自愛は他愛との対比で、つまり他者の問題を考えるにあたって導入された説明方式である。

　自己が自己を知るというところに「自愛」がある、逆に言えば自己を知らなければ自己を愛することはない。こうした思索において、スピノザはある意味で特権的な仕方で参照されており、もはや批判的姿勢すら消えている。論文「自覚的一般者に於てあるもの及それとその背後にあるものとの関係」（1929年）では、こう述べられている。

　　我々の自己は自己自身の底に即ちそのノエシス的方向に自己自身を見て行く。
　　かく自己の中に自己を見て行くことが、自愛であり、而して自己自身を見得
　　るかぎり、そこに喜がある。……かかる意味に於て知るというのは、所謂知
　　識的に知るということではなく、叡智的に知るということでなければならぬ。
　　…直観其者に至れば、そこに無限の喜があるであろう、それが真の幸福 be-
　　atitudo というべきものである。(4: 232-233)（旧5: 290)

　この箇所だけを取り上げるならば、直近で名前が挙げられているのはアウグスティヌスであってスピノザではないが、その少し先には先述の「物と心との並行が考えられる」という言葉が見える。併せて考えるならば、西田がここで意識していたのはスピノザだと考えるのが自然である。続く論文「一般者の自己限定」で西田は、『エチカ』第三部を引用し、通常は別ものと考えられる「知ること」と「愛すること」に対し、「自己に於てはそれは一でなければならない」と主張する（4: 291）（旧5: 366）。自己を知ることは自己を愛することであり、そこに喜びと幸福がある。

　スピノザとの対峙を強調することは、場所論の時期に西田が哲学的対決を行っていたのがフッサールだったことを考慮に入れれば、バランスを失することになるようにも思われよう。ただ、場所の思想を深める過程で、西田は「身体」の問題に突き当たっていき、スピノザを積極的に参照していくのは、テキスト上で確かめられる事実である。身体についての考察を深めるときに西田の念頭にあったのは、自愛であり幸福であったが、これらの諸点をめぐって西田はスピノザの思想を表面的な仕方で批判することはなかった。[19]

　身体や自愛をめぐる思索におけるスピノザへの接近は、先に双方向性から絶対無への歩みについて述べたことを裏書きしてくれる。結果的に実体論について単純にすぎるスピノザ批判が散見されるのも事実であるが、西田の思索にはスピノザの影が付き従っている。主語的な実体と述語的な絶対無との対比は、双方向性の追究による自然な結果だったのであり、この点をめぐって本稿で主張したスピノザとの重なりは、世界の一隅として世界を表現する自己を考察する際に西田が示す、スピノザへの深い賛同によって裏打ちされている。

6. 結　　論

　「西田がスピノザ哲学の独自性を理解することができなかったのはなぜであろうか」と疑問を呈する竹内は、その解明へ向けた論文をこう締めくくっている。「スピノザ哲学と西田哲学との根本的な対決を試みることが必要である。そして、その対決をとおして、この二つの哲学の、とりわけ、まだ明確になっていない西田哲学の、正確をいまよりもいっそう明らかにすることができるで

あろう」（竹内22頁）。

　西田哲学の中期に進展する場所の思想は、その結果というよりもその動機において、あるいは思考の様式において、スピノザに近似している。自覚の哲学を実体論から無実体的・無基底的なものに作り変えるというのは、なるほど結果としては鮮やかかもしれないが、結果よりもそのために為されたことの方がよほど重要であろう。竹内も小坂もともに指摘したように、西田にはスピノザと同じく知の運動への徹底的な内在が見られるが、これがスピノザの場合に平行論というかたちをとったのと同じく、西田の場合には自覚における双方向性というかたちをとる点に、本稿は着目した。

　中期西田が追究する双方向的な超越は、いわば平行論の拡張となっている。スピノザと異なるのは、知の運動がより立体的に、あるいは認識論的に捉えられているということであろう。これにより、ノエシス的な超越（それはノエマ的な超越でもある）という西田的な課題が明確に追究されることになるのであり、それが絶対無の自覚的限定の理論を生み出すのである。双方向性は必ずしも西田だけに限られた発想ではないが、ここから『エチカ』とは異なった仕方での存在論としての場所論に向かう点に、西田哲学の特色が見られる。双方向的な超越を徹底させる方法にこそ、無基底的な理論の構築に向かうカギがあり、この点に西田のスピノザとの対決が見て取れる。

　その結果として絶対無の場所に行き着いたときに西田がスピノザ批判を口にするとしても、単なる結果であるかぎりはあまり大きな意義をもたない。それよりも、場所論の進展の中で感情・自愛そして身体についての考察を深めようとするときに、スピノザの影響ははっきりと露わになり、そこでは賛同が主となる。このように、中期西田哲学に見られる自覚の双方向性から場所論への成り行きに、その進展の中での身体性の考察に、スピノザの大きな影響が確かめられるのである。

●注

1) 　西田幾多郎全集（新版）の索引では、哲学者の中で群を抜いて言及回数が多いのはカントとヘーゲルであり、次いで多いのはプラトン・アリストテレス・ベルクソンである。スピノザはそれより若干少ないが、デカルト・ライプニッツ・フィヒテとはほぼ並んでいる。以下では、西田の著作への言及は基本的には新版全集（岩波書

店、2002-2009 年）の巻数・頁数によって行うが、読者の利便を鑑みて、旧版全集に
よる巻数・頁数を併記した。

2)　　竹内良知「ヘーゲルと西田幾多郎のスピノザ批判」（『思想』794 号 4-23 頁、1988
年）；小坂国継『西田哲学の基層』（岩波現代文庫、2011 年）。両者には他に西田研究
があることはもちろん、西田とスピノザの関係を論じた論考は他に複数あるものの、
本稿では論点を拡散させないために、先の二つの論考のみを取り上げ検討し、本文
中でも頁数での指示を行う。なお、敬称を略する。

3)　　「アリストテレス以来、学問は主語的であった、基体的であった。……併しそれが
真に矛盾的自己同一的世界の自己表現となるには、場所的とならなければならない。
歴史的世界は無基体的であるのである」(9: 453)（旧 10: 462）。

4)　　「それ自身によって有り、それ自身によって理解せられる絶対的実在の世界は、先
ずスピノーザ的に自然的である。然るにそれは……自己自身を形成する世界、我々
の自己を形成要素として含む世界なるが故に、自己自身を理解する世界、自覚的世
界である。故に実体的有の立場から表現的形成の立場へ進んで来る」(9:519)（旧 10:547）。

5)　　西田は講義ノートでエルトマン、フィッシャー、ポロックなどの名を挙げて、属
性および平行論をめぐる解釈史に立ち入っている (15: 184-186)。書簡には高坂正顕
「スピノーザに於ける思惟の位置」をめぐるものがあり（書簡 1652／1687）、Paul-
Louis Chouchoud, *Benoit de Spinoza* (1902)，Carl Stumpf, *Spinozastudien* (1919)
なども入手していたことが分かる。

6)　　西田はカントが「私は考える」がすべての表象に伴うと述べたとき「述語的方向
に実在の根拠を求めた」と述べており、さらにフィヒテにいたって「述語的方向へ
の超越」は徹底化される (10: 129-130)（旧 11: 163-164）。

7)　　1926 年の講義ノートには次のようにある。「Spinoza に於ては我が滅して Substanz
となるのである。Substanz は Sein である Subjektfläche である。これでは我が Ande-
res となるのである（死である。そこに千古の恨がある）。Passsiones proprie dictae
を脱することはできぬ。我は生きない」(15: 443)。

8)　　「ノエマとノエシスの方向に超越すること」(4: 108)（旧 5: 132）と、「主語と述語と
の両方向への超越」(4: 160)（旧 5: 197）とのあいだには、双方向性という共通性があ
るものの、相違もある。手続き的に言えば、前者は叡智的一般者への還元であるの
に対して、後者は自覚的一般者への還元である。

9)　　この「外からの限定を内からの限定となす」(4: 293)（旧 5: 369）という表現を、西
田はとりわけ論文「一般者の自己限定」(1929 年) で繰り返して用いている。

10)　　同様の反転は、主語・述語関係に関しても言える。個物としての主語に対してそ
の働きは述語的であるが、真の個物としての「働くもの」においては、主語・述語
の反転が見られる。

11)　　「ノエマ的に限定せられると云うことは、要するに大なる自己の限定に従うと云う
ことに外ならない、自己自身を深く見るということに外ならない」(4: 236)（旧
5: 295）。だからこそ、「自己に外的なるものが自己自身の運命として自己自身の深
い内容と考えられねばならない」(4: 326)（旧 5: 411）。

12)　新カント派の影響を考える際には、リッカートの相関主義と平行論との関係を論
じた次の研究が参考になる。九鬼一人「真理の宛て先：新カント学派とスピノザ」
(『スピノザーナ』17号、2021年、19-32頁)。なお、「観念」をめぐっては、拙著
『概念と個別性：スピノザ哲学研究』(東信堂2012年)の第一章も参照願いたい。

13)　「所謂平行論的に精神現象を物体現象に平行的に考えると云うことは、精神現象を
何処までも物質化して考えることであろう。そこには精神現象と云うものが無くな
るのである」(10: 47)(旧11: 58)。また、次の箇所も参考になる。「元来はSubject
und Objectなし、adäquatなるときthätigと感じ、inadäquatなるときleidendと感
ずるのみ。併し是はUnterschied des Gradesなり。Qualitativに異なるにあらず。
Spinozaの如く明白に分かつは不可なり」(16: 648)。

14)　中期西田が「事実」という語を使うとき基本的には命題的内容のことを考えてお
り、「事実」は常に「意味」と密接な関係をもったものとなっている。拙稿「西田の
いう「論理」を再考する」(『哲学雑誌』135巻24-41頁、2021年)参照。

15)　この最深の奥行きから手前には、様々な事象がそれぞれ対になって重層的に位置
づけられるが、ここでは詳論を避ける。また、後期西田において無の自覚的限定が
後景に退くように見えるのは、無を徹底化したからにほかならないという点も付け
加えておく。

16)　「新資料・哲学論文集首巻」(浅見洋・中嶋優太解題、『西田哲学会年報』第18号、
2021年、124頁)。

17)　早くも1926年の講義メモで西田は、絶対無Absolutes-Nichts-Platzに触れた後に
次のように書き記している：
Spinozas Sbustanz
Das bestimmte Allgemeine (enlarged as possible) [限定された一般者 (可能な限
り拡大されて)]
Leibniz' Monadologie
Allgemeines noch erweitert = Null [一般者がさらに拡大されて＝零]
Spinoza's Substanz zerstört, und unendliche Substanzen entstehen. [スピノザの実
体が破壊され、そして、無限の諸実体が成立する。](15: 264-265)

18)　「表現的形成的に (行為的直観的に)、真に個人的自己として自覚するに至る」
(9: 421)(旧10: 421)。「我々の実践的世界は何処までも表現的形成的である」
(9: 426)(旧10: 426)。

19)　西田は、スピノザの体系には「意志の自由を容れる余地がない」(5: 235)(旧
6: 301)などと述べてはいるが、それは「対象認識の立場」として言われているにす
ぎないし、同じ論文の中で「スピノーザの如く出来事の十全なる原因を知る時、
我々は能動的と考えれば、数学的知識の発展の如きものに於いても、我々は働くと
言うことができるであろう」(5: 240)(旧6: 306-307)としてスピノザの見方に同意し
てもいる。

＊本論考はJSPS KAKENHI 21K00003による研究を一部含んでいる。

Nishida's Confrontation with Spinoza: Bidirectionality and Absolute Nothing.

ASAKURA Tomomi

Spinoza's influence on Nishida is previously studied by focusing on the latter's rejection of the concept of substance. Following Nishida's comments on Spinoza, researchers have acknowledged that the two philosophers pursue the shared standpoint of immanentism in the opposite directions—Spinoza's direction of grammatical subject and Nishida's noetic direction of the predicate. Objections can be made against this interpretation because bidirectionality characterizes Nishida's version of immanentism. I reexamine the relation of the two philosophies by reconsidering Nishida's method of bidirectional transcendence and explain how the bidirectional study of self-awareness leads to the concept of nothingness instead of substance. This interpretation shows Spinoza's influence on Nishida far more positive and decisive than previously considered. This conclusion is further corroborated by Nishida's often ignored theory of love and beatitude.

〈特集＝日本のスピノザ受容〉

田辺元のスピノザ理解
——「限りの神」(Deus quatenus) をめぐって

竹花　洋佑

1. はじめに

　戦後隠棲先の群馬県北軽井沢でなされた「哲学入門」講義 (1948年12月20日から24日にかけて行われ、翌年『哲学入門——哲学の根本問題』と題されて筑摩書房から出版された) において、田辺元 (1885-1962年) は西洋哲学史上の最小限の古典十冊の中の一冊にスピノザの『エチカ』を挙げ、聴衆に向かって次のように語っている。「スピノザの『エチカ』は幾何学の体裁で書かれているのですが、充分苦んでスピノザの『エチカ』を自分のものにするということが、哲学に足を踏み入れるとき大きな力になると信じます」(11・61-62)[1]。このように田辺は語るものの、必読の古典として並べられているカントの『純粋理性批判』やヘーゲルの『精神現象学』、あるいはライプニッツの『モナドロジー』に比べても、スピノザの『エチカ』は彼の思想において重きをなしていなかったという印象を私たちに与える。もちろん、西洋哲学史全体に通じている田辺であるから、『エチカ』も深く読み込んでいたことは疑いえない。しかし、自由と弁証法の哲学者・田辺の目には、スピノザ思想は最終的には必然性とスタティックな幾何学的体系の哲学として映ったように思われる。その意味で、ヘーゲルやハイデガー、あるいは西田が田辺哲学に及ぼしたのと同程度の影響をスピノザに見てとることは困難であると言えよう。

　ただ、スピノザについてのまとまった言及がないわけではない。田辺がスピノザについて詳述している論稿は二つある。一つは、『スピノザとヘーゲル』(国際ヘーゲル連盟日本支部編、岩波書店、1932年) に掲載された「個体的本質の弁

証論」（同年）であり、もう一つは『マラルメ覚書』（1961年）である。前者は田辺の唯一のスピノザ論である。後者はマラルメの象徴詩を主題とした田辺の最後の著作であり、その最後の方にやや唐突にスピノザ論が展開されている。二つの論稿の間にはほぼ三十年の開きがあるので、田辺自身の立場も大きく変化している。しかし、意外なことに田辺のスピノザ理解は両者の間でそれほど変化していない。田辺のスピノザ解釈の核心にあるもの、それは副題に掲げた「限りの神」（Deus quatenus）である。ただ、この概念に注目する田辺の解釈の妥当性や研究史に照らした位置を見定めることは論者の能力を完全に超えるものとなる。本稿で試みるのは、あくまで田辺唯一のスピノザ論「個体的本質の弁証論」で展開された「限りの神」についての立場を紹介し、その意味を田辺の思想との関係において理解可能なものとして提示するということにとどまる。[2]

2. 1930年前後の田辺の思想の基本的性格

　田辺がスピノザの「限りの神」（Deus quatenus）をどのように解釈したのかを見定めるためには、「個体的本質の弁証論」が書かれた1932年という時期に彼がどのような哲学的問題と格闘していたのかを捉えておく必要があるだろう。そこで、まずは1930年代初頭の田辺の思想を、具体的に言えば、西田批判を展開した1930年から、「種の論理」として彼の思想が再編成される1934年以前の、数年の思想をごく簡単に見ておくことにする。[3]この時期の田辺の思想の特徴は以下の四点に集約して捉えることができる。

(1) 目的論の立場
　1930年代前半の田辺の思想的関心の焦点はヘーゲル哲学をどのように受け止めるのかという点にあった。その成果は、「個体的本質の弁証論」と同年の1932年に『ヘーゲル哲学と弁証法』として出版されることになる。その「序」に書かれているように、ヘーゲル解釈をめぐって右へ左へと大きく揺れ動いた田辺の立場はこの年には一応の落ち着きを見せる。田辺のヘーゲル理解に安定をもたらしたもの、それは身体性の問題と「永遠の今の自己限定」という西田の時間論である。[4]田辺のスピノザ解釈にはこの二つの視点が直に反映さ

れている。

　田辺のヘーゲル解釈を特徴づける概念に「発出論」というものがある。現在の言葉では「流出説」と言うべきこの概念によって、田辺はヘーゲルの絶対精神をプロティノスの一者に比した。具体的に言えば、ヘーゲルの哲学は究極のところ、個別的なものの偶然的意味を絶対精神によって価値づける目的論に他ならないと田辺は考えたのである。ただ、田辺は目的論全般を否定しているわけではない。むしろ、この時期田辺はある種の目的論を自らの哲学の積極的原理に据えようとする。

　田辺にとって目的論とは、擬人化された存在論の別名ではない。部分と全体との存在論的関係をどのように考えるかが、彼の目的論にとって核心的な問いである。田辺によれば、両者の関係は二通りに考えられる。まず、全体的なものがあらかじめ与えられており、それによって諸部分が秩序づけられ、意味付けられるという関係である。目的が手段に先立つある種の因果性と捉えられる場合の、目的と手段との関係がこれに該当するであろう。ところが、こうした通常の意味での目的論とは別様の目的論が可能であると田辺は言う。すなわちそれは、まず部分が与えられており、その部分において全体があくまでも求められたものとして現われるという場合である。そのような全体性を田辺は、カントの「規定的判断力」と「反省的判断力」の区別を意識して、「反省的普遍」と呼ぶ。また、与えられた普遍が「外延的全体」であるのに対して、この普遍は「内包的普遍」であり、こうした全体は部分にとってくみ尽くすことのできない開放性を持つ点から見れば、「超越的全体」とも特徴付けられる。[5]

　端的に言えば、これは有限性に内在する無限性という発想であると見なすことができるだろう。田辺は当初コーヘンの微分の思想を用いてこの有限に内在する無限のあり方を考えようとしていたが、すぐにこの思想は瞬間的現在に内在する永遠性として理解され直されることになる。この後者の発想には西田の「永遠の今の自己限定」という思想の決定的な影響があることは言うまでもない。

(2) 個体性と悪への自由

　部分的なもの、つまり有限者があらかじめ存在する全体性から価値づけられないという点に、田辺は個体的存在の偶然性ないしは非合理性を見出す。この

点に田辺は目的論の非「発出論」的可能性を見出すことになるが、個体そのものの在り方としてはあくまでも既存の全体性から規定されるものではないという消極的な本質を持つものにすぎない。そこで、田辺はシェリングの『人間的自由の本質』の議論に依拠して、個体的存在の本質を善と同時に悪をもなしうる自由に求めるようなものとして理解しようとする。田辺の言葉を用いれば、そうした「弁証法的自由」(3・198) が有限的なものの個体的本質をなす。田辺は普遍的なものに反逆するところに個体の本質があるとさえ言う。

　『自由論』でのシェリングの議論が、神の実存とその根拠 (いわゆる「神の内なる自然 Natur in Gott」) との区別に向かったように、田辺もその後、絶対的なものの内在二元論的解釈に向かうことになる。そのような立場から、西田批判においては「絶対無」という「光の原理」に「闇の原理」が内在すべきことが主張されたのである[6]。こうした立場は続く一連のヘーゲル解釈にも持ち越され、ヘーゲルの絶対者を二元論的に解釈することで、一度は「発出論」として退けたヘーゲル哲学に偶然的存在を語る余地を見出そうとする。具体的に言えば、〈論理―自然―精神〉という体系上に現われた自然とは別に精神の内面的な「否定原理」としての「第一次の自然」を捉えようとする。ただ、こうした解釈は直ちに撤回される。こうした理解が、ヘーゲルの語る絶対的なものの意義とその強度を弱めてしまうとみなされたからである[7]。

(3) 身体性の弁証法

　弁証法を哲学の原理として、しかも単に論理の問題ではなく、存在あるいは行為の原理として認めうるかどうかという問題は、田辺において「否定原理」の問題に託されていた。つまり、田辺は弁証法における全体性ないしは総合性に回収されることのない否定性を想定することによって、ヘーゲル的な「発出論」から逃れようとしたのである。したがって、その所在を絶対者そのものに見出すことが困難であるならば、それは他のところに求められるべきものでなければならなかった。その所在こそ身体である。田辺は次のように言う。「私にとっては身体性のフェノメンが弁証法の基本的所在であり、これに於て始めて観念と物質との各を超え、而も両者の対立的統一を自覚する真に具体的なる絶対否定態が現れるのである」(3・81)。この時期の田辺の思想の最大の特徴と

いってよいのが、このような身体性の構造への注目である[8]。

　まず、田辺の身体論の最も大きな特徴として挙げられるのは、身体に内面的二元性の構造が見られている点である。身体は自己の根源でありながら、日常的にはその存在に気づくことはほとんどない。その意味では、身体は通常は私たちに内面化されたかたちで存在している。ところが、病気の場合にそうであるように、身体は時として剥き出しの物として自己に迫ってくる場合がある。そこで、身体は自己の外なるものとして現われる。ところが、身体の外というのは、机や木などの単なる外的事物とは全く異質な性格である。身体というのは自己の内という本質を決して止めることがないからである。その意味で、身体の外の自覚はその内面性が露呈する内の自覚と一体である。田辺の言葉で言えば、「身体は単に非我として対象の観念に化する能わざる超越的限定の媒介であり、如何にするも単に内在化することを許さざる超越と内在、外と内との統一であり同時に分岐点である」(3・172)。このような身体性における外と内との対立性と一体性が矛盾的に同時的に出現するところに田辺は弁証法の基本的な所在を見出すことになるのである。

　次に、田辺において身体は社会的性格を本質的に持つものとして理解されている点が挙げられる。これは、田辺のみならず、西田幾多郎や三木清、さらには和辻哲郎など、当時の日本の哲学者の共通の視点であった[9]。言うまでもなく、身体は常に習慣化・慣習化されたものとして存在する。そこには当然、社会性・歴史性が否応なく刻印されている。その際身体は自己のいわば無意識的基底として、内的に諸々の社会性・歴史性を担っていることになる。それは、同時に自己が身体を結節点として社会や歴史に連なっているということでもあり、その限りにおいて、自己の母胎としての共同体がある意味で自らの身体という意義を持つとも言える。田辺のこうした発想は後の「種」という概念につながっていくことになる。

　最後に、身体が常に行為する身体として考えられていることを指摘しておきたい。ただ、田辺は西田のように、身体を通した制作的行為(ポイエーシス)という場面をそれほど想定していない。田辺が強調するのは、むしろ行為において身体が自己に対立的な相貌を露わにするという事態である。自己の行為が身体的行為であるからこそ、身体は自己の負荷性としてその重みを顕在化するの

であるが、それは同時に自己の隠れたる根拠が露わとなるということでもある。この隠れたる根拠とは、具体的に言えば自己が無自覚的に受け入れてきた様々な共同性の層であるが、これとの媒介なくして普遍的な共同性、例えば人類といった立場を語ることはできないと田辺は考える。この発想も、「種」を媒介にした「類」というかたちでその後の「種の論理」において概念的に明確化されることになる。

⑷ 西田の「永遠の今の自己限定」

　こうした「身体性の弁証法」と共に、この時期の田辺の思索の進展に大きく寄与したのが、西田の「永遠の今の自己限定」という思想である。1930年に田辺は「西田先生の教を仰ぐ」において西田哲学に反旗を翻し、それをヘーゲルと同種の「発出論」とした上で、宗教優位の西田の思索に歴史性の欠如を見てとったわけだが、その後西田はこの田辺の批判をも意識しながら、「絶対無」と実在との接点とを積極的に明らかにすべく思想を展開させていく。西田によれば、実在は時間的であることを根本的性格とし、当の時間は瞬間的な現在に絶えず永遠が入り込むことによって成立するとされる。この場合の永遠が「絶対無」の別名である。すなわち、永遠が瞬間的現在として自らを限定することにおいて時間が成立するというのが、西田の「永遠の今の自己限定」という思想に他ならない。

　田辺がこの西田の発想を取り入れたのは、個体的・有限的なものに全体性・無限性が顕現する構造が、動的な仕方で捉えられると考えたためだと思われる。田辺はそれまでコーヘンの微分の思想に依拠しながらこの構造を捉えようとしてきた。微小な領域に無限性が宿るという思想は、それをコーヘンにならって、接線と接点との関係で捉える場合には、系列の進行の目標としての極限という発想を残すことになる。ところが、田辺の見立てによれば、極限はあらかじめ想定された有という性格を持たざるを得ないため、弁証法の発想にはそぐわない。ここに瞬間的現在という思想が受容される必然性が存している。絶えず消えつつ創造される瞬間が現在たることで過去と未来を成立させるという発想は、微分には見られない生滅の転換性をその本質として含んでいるからである。現在は過去と未来との間であると同時に、両者を成立させるものとしては、水平

的な時系列の次元を超えたものとして存在する。そこにまさに瞬間的現在が永遠とみなされる根拠がある。[10]

3. 田辺のスピノザ解釈

　以上、ごく簡単に1930年代前半の田辺の思想的特徴を見てきた。このことを前提として、次に田辺が実際にスピノザ哲学をどのように解釈しているかを検討していくことにしたい。

⑴ 個体の原理としての「限りの神」(Deus quatenus)

　「個体的本質の弁証論」という論文は、その表題のとおり、スピノザ哲学における個体ないしは個物（田辺はこの両者を区別していない）の問題を主題としている。「スピノザ形而上学の最重大なる欠点が様態としての個体の抽象性に存することは明である」(4・386) とした上で、田辺は「様態の独立存在に関する問題」(4・386) すなわち「個体的様態の弁証論」(4・386) をスピノザ理解の中心問題に据える。そして、この「個体的様態の弁証論」は、「属性一般の問題を解くことは出来ないまでも、思惟と延長との人間学的相関を或る程度まで理解せしむる」(4・386) ことにつながると言う。その意味で、「心身関係乃至身体性の人間学的見地を以て属性問題解決の鍵とすることは、スピノザ哲学の現代的理解として承認せられてよくないか」(4・386) と田辺は提起する。つまり、個体の問題を手がかりとして、スピノザにおける属性の問題を身体論的に理解しようというのが、この論文の基本的な方向性である。ここに、この時期の田辺の関心が集中した身体論の影響があることは明らかであろう。

　田辺はまずスピノザの体系において個物が二重の因果性の下に置かれていることを指摘する。すなわち、「個物は其本質に於て神の永遠なる属性に直接内属する実体の因果性に規定せられると共に、個物は其存在に於て交互作用の因果性に支配せられ、其因果関係は神に従属するも個物の存在そのものは直接に神を原因とするのではない」(4・389) という二重性である。田辺によれば、この二重性は永遠と時間という対立項を置くことで差し当たり矛盾なく理解される。すなわち、個物の永遠なる本質は神に由来するが、それは時間的にみれば

他の個物との因果関係の下に置かれるということである。しかし、こうした理
解は直ちに次のようなアポリアを引き起こす。個物の本質が永遠なる神に由来
するという事態は、一般的に「個物が夫々固有の本質を神から享けて、それを
自己存在の積極的生命原理とし、所謂性を実現するという意味に於て、此本質
としての力〔コナトゥス〕を実現する限り存在する」（4・389）と理解される、と
田辺は言う。しかし、この発想は困難を含むと田辺は考える。というのも、ス
ピノザは「有限であるということは実はある本性の存在の部分的否定であり、
無限であることはその絶対的肯定である」[11]（『エチカ』第1部・定理8・備考1）と述
べる以上、神そのものからその本質の部分的否定としての有限が出てくること
は不可能であるからである。とするならば、個物の本質は「他の個物の作用を
受くる受動性に因ると考えられる外無い」（4・389）が、そうすると個物の本質
は諸個物の「存在の共同態」（4・389）に基づくことになる。これは存在が個物
の本質を規定するという事態であって、個物が存在に先立ち「それに固有の本
質を以てはたらく」（4・388）というスピノザ自身の見解を裏切ってしまうこと
になる、と田辺は考える。

　こうした田辺のスピノザ理解の特徴は、差し当たり以下の二点に集約するこ
とができるだろう。まず第一に、実体としての神が有限様態としての個物の本
質を規定する因果性と、個物的存在間に働く因果性との間に、絶対的な断絶を
見出しているという点である。そして第二に、「おのおのの物が自己の有に固
執しようと努める努力はその物の現実的本質にほかならない」（『エチカ』第3
部・定理7）というコナトゥスの有名な定理を念頭に置きながら、個物には実体
そのものに由来するのではないそれ自身の固有な本質がなければならないと強
調している点である。

　このような理解を前提として「限りの神」（Deus quatenus）という概念の必然
性が次のように説かれることになる。「仮令之〔個物〕を第二次的仮現存在であ
るとするも、既にそれを第二次的仮現存在たらしむる所以の原理は依然として
要求せられる。それは一方二次的なるが故に第一次的なる実体の本質に依存す
ると同時に、他方個物の存在原理なるが故に個物固有の本質でなければならぬ。
約言すれば個物に限定せられた『限りに於ける神』所謂 Deus quatenus
（Eth. I, 28）たることを要する。Deus quatenus は一方 Deus であるから普遍で

あると同時に、他方quatenusなるに由って個体に限定せられたものである。
それは普遍にして個体なる所謂具体的普遍の原理でなければならぬ」(4・397-398)。

(2) 「限りの神」という問題

引用文中で田辺が挙げている『エチカ』第1部の定理28において、スピノザ
は有限者があくまでも有限者相互の因果関係に置かれるということを述べてい
る。しかし、単にそれのみであるならば、万物が神から必然的に生起するとい
う彼自身の基本的立場との折り合いがつかなくなってしまう。そこで、スピノ
ザは次のように述べる。「しかしそれ〔様態〕はまた神のある属性が永遠かつ無
限なる様態的変状に変状した限りにおいては神ないしは神の属性から生起する
ことはできない（定理22により）。ゆえにそれは神のある属性が定まった存在を
有する有限な様態的変状に様態化した限りにおいて神ないし神の属性から生起
し、あるいは存在ないしは作用に決定されなければならない」[12]。つまり、個物
はあくまでの他の個物との因果関係において生じるものであるが、そのように
個物が生起するあり方は、同時に有限的なものに様態化した神から個物が生起
することと同じ事態として理解されるのであり、その意味においてあらゆるも
のが神から産出されるというテーゼと矛盾しない、というのである。ここでス
ピノザがquatenus（= insofar as, insofern）という言葉を用いて神の属性の次元
の相違を語っているのは明らかであろう。「限りの神」という概念はこうした
スピノザの思想をふまえて術語化されたものに他ならない[13]。

スピノザ研究史の中でこのquatenusという考え方あるいは「限りの神」の
概念がどのように語られてきたのかを論じる資格は筆者にはないが、この定理
がスピノザにおける神と有限者との関係を考える際に決定的に重要なものであ
ることは確かであろう。ただ同時に、「限りにおいて」という仕方で、神の無
限的本質と有限的本質という対立する側面が結び付けられているのは、読み手
を困惑させる。実際、日本におけるスピノザ研究のパイオニアである波多野精
一は『スピノザ研究』(1910年) において、quatenusという言い方を用いること
でpetitio principii (論点先取) に陥っているとスピノザを批判している。「この
摩訶不思議の語『限りに於いて』(quatenus) は何の助けもなさず、何となれば
本来の問題は、まさに此の限りに於いて (quatenus) に存すればなり。かくの如

くにして我等は、ここに我等の哲学者が、明らかに論理学にいふ一個の"peti-tio principii"の誤に陥れるを見るなり」[14]。

　波多野とは正反対にこの「限りの神」という思想を中心にスピノザを捉えることを試みた研究者に石沢要がいる[15]。石沢は晩年の田辺とも交流があり、田辺の弟子の一人とも言える人物である。石沢はスピノザの「限りの神」にカバラからの影響を見る[16]。「神は形態をもつと共に形態をもたない。形態をもつ場合は神が宇宙と関係する限りにおいて (insofern) である。これは一者が万法として顕現するということである。顕現し内在する限りにおいて形態をもつということである。形態をもたない場合は神が世界に包摂されぬ限りにおいて (insofern) である。世界を超えている限り形態をもたない」[17]。このようにカバラの汎神論の本質を捉えた上で、石沢は無限と有限の関係性の結び目に「限りの神」という原理を捉える。「神が自己自身を制御するために、自己の無限の力を呼び出すことによって、無限なるものから有限なるものを産出することをDeus quatenusというのである。これを要約すれば、一者即万法、万法即一者の理を根源的にあらわしているのがDeus quatenusであるということができる」[18]。

　「限りの神」を中心にスピノザを見るという石沢の視点は田辺から受け継がれたものであることは明らかであるが、田辺においてそれが「具体的普遍の原理」とみなされる場合に、彼はそれをカバラの神秘思想と重ね合わせて捉えているわけではない。また、石沢の場合には、スピノザの『エチカ』はさらに仏教的に——具体的には華厳的世界観と通じるものとして——理解されることになるが、田辺は「個体的本質の弁証論」でそうした解釈を披歴しているわけではない[19]。有限はあくまで他の有限との関係で有限という本質を維持しつつも、それは同時に有限化した無限から産出されるという一見神秘的に見える事態は、田辺においてはあくまでも哲学的に理解可能なものとして解釈される。すなわち、「限りの神」とは無限と有限すなわち永遠と時間を媒介する瞬間に他ならないというのが田辺の立場である。「時間の単位として固定せられた瞬間でなく、時間を生産する動的要素として却て時間を超える瞬間こそ、永遠にして時間的なるものである。其故個体の本質が具体的なる個体存在の原理であるならば、それは各瞬間毎に新なる本質である外ない。飽くまで存在の原理であるから存在に先だち永遠であるということは、それが時に属せず却て時を始めるこ

とに於て成立し、而して存在の原理として自己否定的なる時間的存在の時間性
を分有しなければならぬということは、それが各瞬間毎に消滅して新たに産ま
れるということに於て成立すると考える外無い」(4・398-399)。

　ここに先に見た田辺の時間理解が反映していることは明らかであるが、彼の
スピノザ解釈の文脈で言うならば、瞬間が有する「その都度」という本質が個
体を個体たらしめる原理であり、かつそれは「個体的本質の母胎となる永遠の
今」(4・399) という神の有限化された限りにおいてのあり方なのである。この
ように個体存在の矛盾を積極的に把握するという方向に、田辺は「スピノザを
超えて而も之を具体的に理解する途」(4・400) を見出そうとするのである。

(3) 無限様態と目的論

　さらに田辺はスピノザの無限様態の解釈に進んでいく。田辺はスピノザが無
限様態という概念を必要としたところに、彼の哲学の隠れたる弁証法的性格を
見る。無限様態が、一方において属性と区別され、他方において有限様態と対
立する「中間的媒介」の位置に立つのは、そもそもスピノザの体系が「本来の
性格が弁証法的なる為め形式主義の規定に収められない矛盾を含む結果であ
る」(4・402) からに他ならないと考える。

　まず田辺は無限様態を、「此〔属性の無限〕統一の内部に於て成立する無限に
多様なる限定の総体」(4・400) と理解する。その上で、スピノザが『書簡』に
おいて、間接無限様態を「無限の仕方で変化しながらも常に同一に止まる宇宙
の姿」(『書簡』64)[20] と「現実的無限知力」[21] と述べていることをふまえ、無限の総
体性を動的に理解しようとする。すなわち、無限様態は「静的なる個体的限定
の永遠に存立する総体を意味するに止まらず、更に個体的限定の存在に於ける
変化偶然を通じて維持せられる全体の均衡秩序を意味する所謂全宇宙の形貌と、
それに対応する現実的無限知力」(4・401) を意味するとされる。

　田辺はさらに次のように述べる。もし、個物の本質が独立的に先在するなら
ば、その総体は「外延量的総和」(4・402) に留まってしまう。しかし、もしそ
れが無限属性の限定であるならば、その総和は無限属性を意味するのであって、
中間的存在としての無限様態は不要である。したがって、無限様態には部分の
総和とはまったく異質な無限のあり方が求められることになる。そのように理

解した上で、田辺は次のように主張する。「既に無限様態が律せられるべき理由がある以上は、それは単なる個体の有限様態の総和に止まるべきものでなく、これと次元を異にする高次の全体、それの限定に由って始めて部分たる個体の成立する内包的全体である外無い。換言すれば機械的因果の全系列という如き外面的全体でなく、目的論的必然性の根拠として内在する内面的全体でなければならない。即ち限定判断の普遍でなく目的論的判断の普遍たるものでなければならぬと考えられる」(4・402)。

　ここに、個体を非発出論的に限定しるような全体性・普遍性のあり方を目的論的に理解しようとする田辺の態度が如実に見てとれるが、やはりスピノザを目的論的に理解することにはかなり大きな抵抗が感じられるだろう。田辺も一応その点を承知していて、ここで言われる目的論はスピノザが厳しく退けたような「擬人主義の目的論」(4・403) や「自然の超越的目的承認の目的論」(4・403) ではなく、あくまでも「目的無き合目的性の内在的目的論」(4・403) であると強調される。ただ、このような過剰解釈というリスクを冒しても、田辺が無限様態を反省的で内包的な普遍性と捉えるのは、そこに「個体的本質の全体に対する独立性を保証する」(4・404) という意義が認められると考えるからである。すでに述べたように、そのような普遍はあらかじめ与えられたものとして個体を限定するのではなく、あくまでも個体において求められるような内在的な無限性だからである。ただ、個体を単に普遍的なものの限定の外に置いてしまうならば、それはスピノザの体系からの完全な逸脱となってしまう。田辺によれば、先に見たように、時間という文脈において個物の本質は「永遠の今」からの瞬間的な創造に見出されることになるので、そこに個体の神からの規定性という側面は永遠の時への侵入としてなお維持されていることになる。

⑷ 身体性の問題

　「個体的本質の弁証論」の最後の箇所で、田辺はスピノザの身体の問題について言及する。この点を最後に触れておくことにしよう。

　周知のようにスピノザは『エチカ』の第二部において身体の議論を展開しているが、田辺はこの点にヘーゲルを凌駕するスピノザ哲学の意義を認める。「其並行論に於ける延長的属性の原始性、人間の精神に対する身体的限定の必

然性は、ヘーゲルに於けるよりも一層具体的なる弁証法的思弁に途を開くとも
考えられる。唯物弁証法がスピノザに結付こうとする事実は、よしそれが不当で
あるとしても、猶スピノザの思想の具体性を示すものといわれるであろう」(4・415)。

　田辺はこれまでの自らの解釈に基づいて、スピノザのいわゆる第三種の認識
を「個性的本質の全体論的秩序に於ける目的論的必然性を認識する」(4・410)
ものと理解する。このような「必然性の認識に於て人間の精神は自由解脱を得、
神の無限知性を実現する」(4・410) わけであるので、「思惟こそ特殊にして普
遍であり、個体に於て全体が実現せられる、という弁証法的統一を成立せしめ
る唯一の属性」(4・410) である、と言われる。しかし、単に思惟の優位性のみ
を強調することは、スピノザの精神を裏切ることになると述べる。そこで田辺
は、「人間精神を構成する観念の対象は身体である、あるいは現実に存在する
ある延長の様態である、そしてそれ以外の何ものでもない」[22](第2部・定理13) と
いう『エチカ』の有名な定理を念頭に置きながら、一般にスピノザの並行論と
呼ばれるものを独自の仕方で解釈することになる。一言で言えば、田辺は精神
と身体の関係を、身体を媒介にした精神における自覚の問題として捉え返すの
である。実際には次のように言われる。「個体がそれの弁証法的限定の故に常
に全存在の目的論的統一に於ける動的単元として精神物質の統一でなければな
らぬということは、必然に其精神を成す観念が身体の観念であると共に、全存
在の動的限定の尖端として自己の身体の運動を自覚することに由り、全体の目
的論的秩序の十全認識を内容とするものであることを要求する」(4・412)。

　こうした解釈は当然にも、個体を行為的個体として解釈することを要求する
ことになる。この際、身体は行為者に対して「対抗的否定」(4・413) という意
義を持つということが述べられる。その意味は、すでに論じた田辺の身体論に
照らして明らかであろう。自己の沈黙せる無意識的基底としての身体性が動く
ことにおいて自らにとっての異物として迫ってくるという事態である。もしこ
のように否定的なものとして顕在化した身体を「全体の目的論的秩序」に組み
入れることができれば、そこに神への知的愛が成立すると言われ、もしそのこ
とがなされず否定的なものとして現われた身体のあり方をそのまま受容すれば、
個体の悪が固定化されることになると田辺は考える。その意味で、田辺によれ
ば身体は二重の意味、つまり悪の可能の根拠とその全体への帰入の媒介という

意味を担っていることになる。田辺の言葉を用いれば、「個体が実体から脱離する分岐点として所謂闇の原理を宿す身体は、翻って同時に実体の神性を歴史的に現実化する道徳的行為の機関として直ちに光の原理となけなければならぬ」(4・414) のである。

　ここで田辺が自らの身体論をスピノザに読み込んでいることは明らかであるが、そのことの是非について詳論することはできない。ただ最後に、こうした行為における身体的自覚の立場が、スピノザの個体的存在の原理すなわち「限りの神」の具体相であり、かつ、独立存在としての個体の対立する二つの契機として、思惟 (田辺の言葉では自覚) と延長 (すなわち身体性) とを理解することを田辺に可能にさせたのである。「所謂 Deus quatenus なる概念はただ弁証法的にのみ理解せられる概念である。その quatenus としての限定に身体性を必要とし、之を媒介として思惟が Deus たることを自覚するのであるから、延長と思惟とは弁証法的統一に於て実体を成立せしめ、絶対否定としての神の欠く能わざる二つの必然契機となる」(4・414)。ここに、「心身関係乃至身体性の人間学的見地を以て属性問題の解決の鍵とする」(4・386) という「個体的本質の弁証論」の課題は果たされたことになる。

4. 結びにかえて

　冒頭でも述べたように、本稿の目的は田辺のスピノザ論の妥当性や可能性を評価するということではなく、あくまでもそれを当時の田辺の思想との関係で理解可能なものとするというところに置かれていた。これまでの論述において、その課題は果たされたものと信じる。田辺のスピノザ理解の隠された可能性 (そのようなものがあるとして) を探り当てたり、あるいはそれを日本のスピノザ受容の一局面として位置付けることについては機会を改めたいが、少なくともその作業のための基礎的な素材は提供できたのではないかと考える。

　また、本稿では田辺の遺作『マラルメ覚書』における田辺のスピノザ論については検討することができなかった。マラルメ論の最後の箇所で田辺は唐突にスピノザについての議論を展開し、そこにおいてもやはり「限りの神」が問題の中心となっている。ただ、この時期田辺の思想からはかつてのような身体の

問題は影を潜めてしまっている。したがって、ここで「限りの神」はどのような
ものとして理解され、田辺の哲学に位置付けられているのか、あるいはなぜ
そもそも唐突に田辺はスピノザを持ち出さなければならなかったのかという問
いが直ちに生じることになるが、これについても別稿に委ねたい。

●注
1) 田辺元の著作からの引用は、『田邊元全集』（筑摩書房、1963-64 年）を用い、引用
　 箇所を（巻・頁）と表記して示す。なお、引用箇所の旧仮名遣いおよび旧漢字は現行
　 表記に改めた。なお、引用文中の亀甲括弧〔　〕は引用者による補足である。
2) 田辺のスピノザ理解を網羅的に扱ったものとしては、石沢要「田辺哲学における
　 スピノザ」（石沢要『スピノザ研究』〔創文社、1977 年〕第6章）がある。
3) この時期の代表的著作・論文は、西田批判を行った「西田先生の教を仰ぐ」（1930
　 年）、1920 年代後半から1932 年までに書かれたヘーゲル解釈の論文を収めた『ヘー
　 ゲル哲学と弁証法』（1932 年）、『哲学通論』（1933 年）、そして田辺の身体論とそれと
　 連動したハイデガー批判が展開されている「総合と超越」（1931 年）、「人間学の立
　 場」（1931 年）である。
4) 具体的には次のように言われている。「殊に永遠の今に於ける絶対無の弁証法とい
　 う〔西田〕先生の思想は、私をしてヘーゲルの絶対知を新しき立場に於て理解する途
　 を開かしめた」（3・80）。「同時に私にとり、積極的に新しきオルガノンとなったの
　 は、昨年以来個人的なる関心の対象となった心身関係の問題から発展した身体性の
　 弁証法である」（3・81）。
5) ここで論じた (1) 目的論の立場および (2) 個体性と悪の問題についての立ち入っ
　 た議論は、竹花洋佑「田辺の思想形成と『永遠の今』──微分から瞬間へ──」（『日
　 本の哲学』第十三号、昭和堂、2012 年）を参照されたい。
6) ただし、西田批判においては「絶対無」の内在二元論的なあり方が積極的に主張
　 されたのではない。田辺の批判の眼目は、歴史の偶然性・非合理性と「絶対無」の
　 自覚の絶対性が両立不可能なものであることを指摘するところにあった。すなわち、
　 「若し自覚を光の原理とするならば、これに背く闇の原理ともいうべきものが無けれ
　 ば、歴史の非合理性は理解せられない」（4・316）が、「これ〔闇の原理という否定的
　 媒介〕は自覚の絶対性を毀ち、不完全なる相対的自覚たらしむるものではないか」
　 （4・317）と田辺は述べた。もっとも、西田の「絶対無」の自覚が田辺の言う「光の
　 原理」に比されるものであるかは別途検討が必要な問題であろう。
7) 田辺は次のように語る。「何となれば二元論の徹底は即ち絶対知の否定を意味し、
　 それはヘーゲル哲学乃至一般に弁証法的絶対観念論の廃棄を導くものだからである。
　 これは私の哲学的要求の堪える所でない」（3・80-81）。
8) 身体性の問題への注目は、直接的には田辺のハイデガー批判の文脈から浮かびあ
　 がってきたものであるが、これについてはここで詳しく論ずることはできない。田
　 辺のハイデガー批判および彼の身体論の詳細については、竹花洋佑「超越と身体

——田辺元の「人間学的哲学」の構想——」(『哲學論集』大谷大学哲学会、2012年)
および藤田正勝「『種の論理』はどのようにして成立したのか——田辺哲学の成立へ
の道」(『思想』1093号、岩波書店、2015年)を参照されたい。

9) 身体の問題は、西田においては「歴史的身体」の思想として（『哲学論文集 第
二』[1937年]以降)、三木において「社会的身体」という概念において（主に、未完
に終わった『哲学的人間学』において)、そして和辻において「肉体」の問題として
(『倫理学』[1937年-]において)、それぞれ論じられている。

10) 西田の「永遠の今の自己限定」と田辺の思想との関係については、竹花洋佑「時
間と無——前期田辺哲学の『絶対無』理解の変遷と西田の『永遠の今』——」(『西田
哲学年報』第十7号、西田哲学会、2021年)を参照されたい。

11) スピノザ『エチカ（上)』畠中尚志訳、岩波文庫、1975 年、42頁。

12) 同書、71頁、傍点は引用者による。

13) そもそも術語化されて論じられるべきものかどうかについても議論が別れるとこ
ろかと思われるが、スピノザ研究史に不案内の筆者はその点について語るべき資格
をもたない。

14) 『波多野精一全集 第一巻』岩波書店、1968年、367頁。

15) 晩年の田辺の教えに接した石沢要（群馬大学教授、1904-1991年)は、田辺の影響
の下、この Deus quatenus に注目したスピノザ解釈を展開している（石沢要『スピ
ノザ研究』、創文社、1977 年)。石沢のスピノザ理解については、井上克人「Deus
Quatenus の哲学——スピノザ解釈をめぐる石沢先生と田辺との接点——」(『求真』
第16 号、2009年)を参照されたい。

16) 工藤喜作も『スピノザ哲学研究』において、スピノザの「限りの神」の思想とカ
バラとの類似性を認めつつも、両者を根本的に異なるものとみなしている。なぜな
ら、スピノザの神はカバラのように単に無規定的なものではなく、「本質即存在」で
あり「本質即能力」である以上、カバラにおけるように「有限者を産出するために、
自己を限定し無限の力を呼び起こす必要はない」と考えられるからである（工藤喜
作『スピノザ研究』、東海大学出版会、1972年、397-398頁)。

17) 石沢要『スピノザ研究』、『石沢要著作集 第一巻』、創文社、1990年、48頁。

18) 同書、50頁。

19) ただし、田辺は特に戦後の『懺悔道としての哲学』以降、スピノザ哲学を仏教的
な解脱の境地に通ずるものと捉えていくので、仏教的スピノザ解釈という石沢の方
向性を与えた張本人こそ田辺であると考えられる。なお石沢はその著書の中で次の
ような田辺からの手紙を紹介している（1955年1月10日付)。「若しスピノザがユダ
ヤ教の有神論でなく、禅の絶対無論に育ちましたなら、衆生の仏性、その自覚、頓
悟即作仏なる弁証法は全くデウス クッテヌスに合すると思われます。デウス クッ
テヌスという自覚はまさに禅の悟道以外のものではありますまい」(同書、4頁)。

20) 『スピノザ往復書簡集』畠中尚志訳、岩波文庫、1958 年、285頁。

21) 思惟に対応する間接的無限様態についてはスピノザの直接の言及がないので、こ
れは田辺が挙げている以下の二論文の解釈に基づくと思われる。Albert Rivaud,

Les notions d'essence et d'existence dans la philosophie de Spinoza, 1905, James Martineau, *A Study of Spinoza,* 1882.

22)　スピノザ『エチカ(上)』畠中尚志訳、108頁。

Tanabe Hajime's Understanding of Spinoza: focusing on the concept of "Deus quatenus"

TAKEHANA Yosuke

There are two papers in which Tanabe Hajime discusses the philosophy of Spinoza in detail. One is "Dialectic of Individual Essence" (1932) in *Spinoza and Hegel* (edited by the Japanese section of the International Hegelian League, Iwanami Shoten, 1932), and the other is "A Memorandum on Mallarmé" (1961). The former is the only Spinoza treatise by Tanabe. The latter is his last work focusing on Mallarmé's symbolism and he mentions Spinoza somewhat abruptly at the end of the book. Since there is a gap of almost 30 years between these two papers, the position of Tanabe has changed drastically. Surprisingly, however, his understanding of Spinoza did not change much between the two. In the core of Spinoza's interpretation by Tanabe lies "Deus quatenus". By linking this concept of Spinoza with his own theories of time and body, Tanabe attempts to show that Spinoza's position does not subordinate the essence of the individual existence to God or the universal. Of course, it is beyond my ability to determine whether Tanabe's argument is a valid interpretation of Spinoza. What I will attempt in this paper is only to introduce Tanabe's understanding of Spinoza focusing on "Deus quatenus" in "Dialectic of Individual Essence", and to present its meaning in relation to the thought of Tanabe in the 1930s.

〈特集＝日本のスピノザ受容〉

スピノザ協会をつくった人びと

吉田　和弘

「いま初めてわれわれはスピノザの思想を理解しうる境位に
めぐり会ったと言ってもいいのかも知れません」

　1968年，パリを中心に学生や労働者らが蜂起し，全世界に拡大する民主化運動を導いた5月革命は，遠い日本の社会にも大きな影響をもたらした。共産主義を含めた旧来の政治思想を拒絶し，反ベトナム戦争やヒッピー文化の台頭と連動したカウンターカルチャーや前衛的文化活動は，その後の「ポストモダン」「ポスト構造主義」の流れを加速させ，20世紀後半の文化・芸術の新しい方向性を切り開いた。

　この時代，1960年代から70年代にかけて，ヨーロッパを中心にスピノザに対する関心が一挙に隆盛した。アルチュセールのスピノザへの言及，ゲルー，マトゥロン，ドゥルーズらによる精緻な研究は，マシュレイやネグリの政治論を中心とした新しいスピノザ像の源泉となり，研究者たちは，従来のデカルトの後継者としてのスピノザ像ではなく，社会変革の理論的支柱としてのスピノザに熱い視線を注ぎはじめた。一方，日本の出版業界でも《世界の名著》（中央公論社），《世界の大思想》（河出書房新社）といったやさしく読める古典シリーズが相次いで登場し，一般読者によるスピノザへのアクセスが格段に容易になった。

　こうした雰囲気のなかで，70年代以降も哲学に関心を寄せる全国の若者たちがスピノザへの関心を募らせていった。その拠点の一つが一橋大学で社会思想史を学んでいた学生グループであり，そのメンバーのなかに桜井直文，柴田寿子，鈴木一策，桑田禮彰らがいた。当時，一橋大学では，学生が自主的に他大学の教員を招聘できるプロゼミと呼ばれる制度が設けられており，この制度を利用して齋藤博を講師として迎え入れたことから，このグループを中心としたスピノザ研究の環境が整うことになった。そしてこれがスピノザ協会の誕生

につながる事実上の礎石となった。

　スピノザ協会は，このグループの中心であった桜井直文によって設立の準備が進められたが，追い風となったのは桜井自身がフランスの「スピノザの友協会」から受けていた，日本のスピノザ研究の動向を知らせて欲しいという要請だった。桜井は，竹内良知，工藤喜作，齋藤博，上野修らとともに，日本におけるスピノザ研究の現状を探りつつ，研究者間の連携を模索し，結果的にこの5人が発起人となって，今日につながるスピノザ協会が結成されることになった。

　1989年3月27日，東京の日仏会館および明治大学会館においてスピノザ協会ははじめての会合をもった。会合の司会は齋藤博が務め，発起人代表として竹内が設立の挨拶を行ったのち，規約が承認され，次いで工藤喜作による講演が行われた。発起人以外の出席者は，合庭惇，笠井武，加藤節，金子和彦，河井徳治，桑田禮彰，小谷晴勇，小林敬和，佐藤一郎，真田郷史，柴田寿子，高岡静子，立石龍彦，田中節子，藤原良雄，三木拓三，水島一憲，水橋慎二郎，森尾忠憲の面々であった。

　初代の協会代表に就任した竹内良知が，次のような「ご挨拶」によって設立の趣旨を披露した。

　「十八世紀末のスピノザ・ルネサンス以来，彼については多くのことが論じられてきました。しかし，スピノザの思想が真に理解されはじめたのはごく最近になってからでした。……わが国でも，若い研究者が輩出しはじめ，注目すべきすぐれた研究も出始めています。思想の歴史のうえで，いま初めてわれわれはスピノザの思想を理解しうる境位にめぐり会ったと言っていいのかもしれません。もちろん，われわれはまだやっとスピノザを理解しはじめたと言うべきでありましょう。スピノザ哲学は，ネグリの言う意味で，まだ当分は"未来の哲学"でありつづけるでしょう」。

　まさに20世紀のスピノザ・ルネサンスに強い共感を寄せていた竹内が，アルチュセールやドゥルーズと同じ地平に立って，これからの新しいスピノザ研究の始動に期待を寄せた一文であった。しかし，協会の設立には，この「ご挨拶」では触れられなかったもう一つの趣旨があった。それはこの協会が専門的研究者ばかりでなく，スピノザに関心のある一般の人びとにも開かれた集まりにしようという方針だった。このことはスピノザ協会の発足を伝える《週刊読

書人》の記事にも読み取ることができる。

　「その活動は，人的交流とともに内外の情報の収集・交換と伝達を主眼とする。これまで，ともすればボス的な研究者が独占しがちだった文献等の研究にかかわる情報を，この協会ではできるだけオープンにしたいと考えている。……また，従来の形骸化した学会のように研究者の権威づけや存在証明を与えるだけの場に堕さないために，この協会は，会費さえ払えばだれでもが入会できるように定められた。会員だからといってどんな権威があるわけでもない。……秘教的な少数者の集まりではなく，多少でもスピノザに関心のある一般の人びとにひろく開かれ，さまざまな文脈のなかでスピノザの思想が考えられる場になって欲しい。こうしたありかたこそ，いっさいの権威を否定し，自由な人間的交流にもっとも大きな意味を与えたこの哲学者をめぐる集いにふさわしいことだろう」（桜井直文「権威を否定し，人間的交流で」《週刊読書人》1989年4月17日）。

　では，「ひろくその思想に関心をもつかたがた」「スピノザに関心のある一般の人びと」とはどんな人たちが想定されていたのか。この時代にみられた若干のスピノザを読む人びとのエピソードを紹介してみたい。

「作家でも，詩人でも，音楽家でも，映画作家でも，画家でも，たまたまスピノザを読んだものさえも……」

　1970年，バーンズやキップリングの翻訳で知られる英文学者の中村為治が，ゲープハルト版を使った羅和対訳『スピノザ倫理学』（山本書店）を出版した。中村は「訳者はしがき」で次のような凡例を書いている。

　「私はこの原文を全部ノートに書き写しました。そして原文の一字一字にその訳語をつけました。そしてその訳語を綴り合せて日本文にしました。それで原文の字数と訳語の数は全く同じなのです。それでこれはスピノザのラテン文の日本語による訓読であるということができるのです」。そして訳文の実例として「それ自身の原因によって私は理解する，それの本質が存在を含んでいるところの，それを，または，それの本性が存在しているのでなければ，考えられることができないところの，それを」という記述を掲げ，「もし人が用心深くほんとうにこの本を読むならば，その人の日日は楽しくよろこばしくあるだろう」と「訳者はしがき」を結んでいる。中村のスピノザに関する言及はこの

対訳以外にはみられないが，こうした作品を出版するという着想自体に，スピノザに対する尋常ではない思い入れが窺われる。

　この羅和対訳が出版された同年の1970年，東京女子大学哲学科を卒業したのち，みずからの命を絶った伊藤マリ子は，思春期の一時期精神のバランスを保つことに苦悶していたが，彼女が「自分ももう一度言葉の世界に戻ってもやってゆけるかもしれないと考えたのは，さらに何年かたって大学でスピノザに出会った時だった」という。スピノザは「"完全に死んだ言葉"で"完全にいきているがゆえに如何にも優しく人を泣かせるほど人間らしい世界"をつくることもできるのだということを」彼女に「納得させ，慰め，救ってくれた」(友人への手紙から)。その時彼女はスピノザが「大丈夫だよ，大丈夫生きて行ける」と囁いているように感じたと述べている(『帰らない日へ』講談社，1983)。スピノザを読みながら夭折した伊藤マリ子にとって，スピノザは生きるための糧であったに違いなかった。

　中村の対訳『スピノザ倫理学』の出版，伊藤の夭折から約10年後の1981年，ジョージ・エリオットが19世紀半ばに英訳したまま眠っていた『エチカ』がはじめて書物の形となって世に現れた。エリオットはスピノザについて直接論じることはほとんどなかったが，自分自身のために『エチカ』を訳し，さらには『神学政治論』の訳にも着手していた。作家としてのエリオットに対する関心は日本でも小さくはないものの，スピノザとの関連を述べた考察はほとんどみられない。当時の"Translated by George Elliot"と印字された原書は，全ページがタイプライターで清打されたものをそのまま版下にしただけの簡素なものだった(なお，エリオットの英訳「エチカ」はごく最近復刊されている (Carlisle, Ed.: *Spinoza's Ethics* — Translated by George Eliot, Princeton Univ Pr, 2020))。

　もちろん，これらの人びとのほかにも，みずからの言葉を発表する機会がないままスピノザを読み，糧としている無名の人びとも大勢いるはずだった。桜井が「権威を否定して」と述べたのは，そういう人びとを想定してのことだったはずである。ドゥルーズは以下のような言葉を残している。

　「作家でも，詩人でも，音楽家でも，映画作家でも，画家でも，たまたまスピノザを読んだものさえも，それも本職の哲学者以上に，スピノチストになっていることがありうる。……スピノザは哲学を知らないものでも，あるいはま

ったく教養をもたない者でも，これ以上ないほど直接に，予備知識なしに出会うことができ，そこから突然の啓示，"閃光"をうけることのできる稀な存在であるからだ。人はあたかもスピノチストとなっている自分を見出しでもするように，いつしかスピノザのただ中にいるのであり，その体系の中，構成の中に吸い込まれ，ひき入れられているのである。……他に例を見ないスピノザの特徴は，じつに哲学者中の哲学者である彼が，哲学者自身，哲学者でなくなることを教えている点にある。……エチカの第5部において，まさに哲学者と哲学者ならざる者，この両者はただ一つの同じ存在となって結びあっているのだ。」（ドゥルーズ，鈴木訳『スピノザ：実践の哲学』平凡社，1994）

「自分の非を認めて，その点については謝罪する。
しかし私は"剽窃者"と呼ばれることを拒否する……」

　さて，スピノザ協会の発足は，朝日，読売，東京などの全国紙や様々な一般雑誌でも紹介され，少なからず哲学愛好家たちの知るところとなり，実際，講演会やセミナーが開催されるといろいろな立場の人びとが集まった。スピノザ協会が主催するセミナーが開かれるたびに，新たなメンバーが加わるようになり，設立からわずか3年を経ずして，東京と京都で「スピノザと政治的なもの」をテーマとした国際シンポジウムを開催するところまで発展した。この国際シンポジウムは1991年11月8日〜11日の期間，マトゥロン，ヴァルター，クレーファーらを招いて，東京の成蹊大学と京都の同志社大学を会場として開催された。シンポジウムにはこの3人の外人研究者のほか，工藤喜作，上野修，齋藤博，森尾忠憲，加藤節，桜井直文，河井徳治が登壇し，発表・質疑応答は原則としてすべて英語で行われた。このシンポジウムの成果は，後に論文集『スピノザと政治的なもの』（工藤／桜井編，平凡社，1995）として出版された。

　この時期は，それまで決定的と目されていたゲープハルト版全集の見直しの機運も高まり，欧米でも各国語の新訳が試みられるとともに，スピノザの解釈にも新しい波がみえはじめていた。日本でも新訳『スピノザ全集』の出版が計画され，当時平凡社に勤務していた編集者，二宮隆洋（故人）の主導により計画が進められた。過去にも何度か日本語版『スピノザ全集』の刊行は計画されたことがあったが，いずれも完成には至らず，事実上のスピノザ全集は畠中尚

志訳による岩波文庫がその役割を担っていた。スピノザ協会が中心となって企画された新しい『スピノザ全集』はその間隙を埋めるものであり，その後数回にわたり出版元が変わったものの，上野修，鈴木泉による責任編集のもとに，計画は途切れることなく今日に至るまで着々と進んでいる。

　スピノザ協会は，このように設立直後から活発な展開をみせていたが，初代の運営委員代表を務めた竹内良知は協会が活動を開始した2年後（1991年）の 8月に72歳で他界してしまう。「スピノザと政治的なもの」というテーマは竹内にとって最も関心が深い領域であったはずであり，旧知のマトゥロンの来日を楽しみにしていたともいわれるが，シンポジウムに参加することもかなわず，またスピノザ協会の活発な展開を見届けることもなく代表の座を後任にゆだねることになった。

　竹内は1941年京都大学卒業後，卒論として提出した「スピノチスムの論理」が田辺元に評価されて副手として採用された。翌年，東京で文部省図書局に就職したが，この頃，京大から東京文理科大学に移っていた下村寅太郎とも交流があったことから，おそらくその縁でライプニッツの翻訳も行ったものの，ライプニッツへの関心は広がらなかったらしい。1945年終戦の翌年，松本高等学校に就職し，この松本高等学校時代の4年間に6編のスピノザに関する論文を執筆した（『スピノザの方法について』第三文明社，1979）。この頃から，竹内は占領軍の教員組合に対する弾圧的態度に対して抵抗を始めるなど，マルクス主義関連の翻訳や執筆を行いながら，マルクス主義的実践運動に傾倒するようになった。1950年名古屋大学に就職し，その後は日教組の教育研究運動にも参加している。

　1970年には創刊されたばかりの《現代思想》に「スピノザ研究序説」の連載を開始し（ただし同名論文は名古屋大学文学部研究論集「20周年記念論集」1968にも収められている），1973年にはモローの『スピノザ』（クセジュ文庫，白水社）を翻訳している。

　しかしながら，名古屋大学の助教授時代，竹内は後述するスキャンダルに巻き込まれ，結果的に名古屋大学を辞職せざるを得なくなった。1977年関西大学に異動し，その後1989年に定年退職を迎えるまで関西大学にとどまった。スピノザ協会が発足し，最初の運営委員代表となったのはちょうどこの時期に

竹内良知（1919-1991）の著書

あたる。

　竹内の死後，運営委員代表の座は工藤喜作によって引き継がれたが，竹内と工藤とのあいだにはある因縁があった。1970年代のある時期，松山市で日本哲学会が開かれた折，工藤はたまたま宿で同室になった名古屋大学の教授から，感情的としか思えない竹内に対する罵詈とともに「私の眼の黒いうちは竹内を絶対に教授にさせない」という言葉を聞かされ，竹内との知己は当時なかったものの「大学人事の凄惨さに肌が粟だつとともに，竹内先生に同情の念が生じるのを禁じ得なかった」と述懐している（スピノザ協会会報第5号，1991年9月3日）。

　その後，工藤が教授を務める神奈川大学の教員公募に，当の竹内が応募してきたというのである。竹内には十分な業績があっただけでなく，また竹内に対するいくぶんかの同情の念も作用していたと思われ，工藤は竹内が採用されるように取り計らいをいろいろと行った。選考委員会は竹内を教授として迎えることに決定し，あとは理事会の承認を得るだけという段階になったところで，工藤は竹内からの電話で，関西大学に採用されることになったから神奈川大学にはいけなくなったという知らせを受けた。仰天した工藤氏はすぐには諦めきれなかったらしく，名古屋の竹内の自宅を訪ねてまで説得を試みたが，竹内の決意は固くそのまま関西大学への就職が決まったのだった。

　工藤がそこまでこだわったのは，当時，竹内が名古屋大学で藤野渉と対立していたことが学界では周知の事実となっていたため，それが選考過程で問題視された場合に備え，工藤は竹内擁護のための材料を整えて，おそらくは選考委員の面々に根回しをしていたからである。

　竹内が名大で巻き込まれていたスキャンダルとは，1975〜76年にかけての
藤野渉教授による竹内良知助教授に対する「誤訳と剽窃」の告発をめぐって繰
り広げられた論争だった。藤野による糾弾論文「学風あるいは学問研究のモラ
ル」では，デラ・ヴォルペの『ルソーとマルクス』(合同出版，1968) にみられ
る誤訳，《思想》に掲載された「マルクス主義における人間の問題」にみられ
る剽窃疑惑が，非常に厳しい言辞をもって検討されている。またこれとは別に，
竹内の西田幾多郎に対する評価が，1958年の時点では「帝国主義時代のブル
ジョア・イデオロギー」，「天皇制国家の神聖化，日本帝国主義の弁護論にほか
ならない」と否定的であったにもかかわらず，1966年になると「西田はけっ
して天皇制国家のイデオローグではなく，主観的には権力嫌いの自由主義者で
あったし，生涯をつうじてそうであった」とまるで正反対のことを述べている
ことに対しても不信感をあらわにしている (名古屋大学文学部研究論集22 [哲学]
LXVI p. 67, 1975；22 [哲学] LXVI p. 111, 1975；23 [哲学] LXIX p. 9, 1976)。藤野の
攻撃に対して，竹内は一応，反撃に出たものの，反論はあまり歯切れのよいも
のではなかった。剽窃の指摘に対しては，「事情がどうであろうと，無断借用
は非である。私は自分の非を認めて，その点については謝罪する。しかし私は
"剽窃者"と呼ばれることを拒否する」と述べ，藤野に再び「無断借用と剽窃，
盗作はどう違うのか」と攻撃されてしまう (同23 [哲学] LXIX p. 21, 1976)。名古
屋大学では大学院生らの告発によるさらに別の剽窃疑惑も浮上し，もはや絶体
絶命の危機に瀕していたときに神奈川大学の公募を知り，応募してきたのだろ
う。工藤がかつて藤野と同室になったことがあると竹内に打ち明けたかどうか
はわからない。

「スピノザは聖書の教えに従うのではなく，彼自身の理性の立場から，聖書の目指すものを求めていた……」

　工藤はスピノザ協会設立の場で再会した竹内に対して複雑な感情を抱いてい
たはずであるが，ともあれ竹内の死後は工藤が運営代表を引きつぐ形となった。
竹内と工藤のスピノザに対する姿勢には，こうした奇縁は別にしても，そもそ
も当初から相容れない相違があった。工藤は，竹内とは対照的に，実は20世
紀後半のスピノザ・ルネサンスにはあまり関心がなく，むしろドイツ語圏を中

工藤喜作（1930-2010）

心とした古くからの文献を渉猟し，伝統的なスピノザ研究を継承発展させるといういわばアカデミズムに徹したスピノザ研究者であった。工藤の浩瀚な『スピノザ哲学研究』は，それ以前の概説書とは異なり，膨大な先行研究を踏まえた水準の高い研究書とみられていた。竹内による「スピノザの思想が真に理解されはじめたのはごく最近になってから」という「ご挨拶」にはかなりの違和感があったのではないかと思う。実際，工藤自身も，竹内からアルチュセールの話を聞かされたときも，自分には初耳のことであり，その後もアルチュセールを読む機会を得ていないと述べているくらいであり，竹内ほどスピノザ・ルネサンスを評価する立場にはなかった。

　確かに初期の日本のスピノザ研究は玉石同架で，あまり意味のないものも少なくなかったが，工藤の『スピノザ哲学研究』（東海大学出版会，1972［復刻版＝学樹書院，2015]）や齋藤博の『スピノチスムスの研究』（創文社，1974)，清水礼子の『破門の哲学』（みすず書房，1978）など，日本における研究が欧米の研究に比して引けをとらない水準に達していた面も間違いなくあった。

　さて，工藤は，アカデミズムにおける研究ばかりでなく，齋藤との共訳『エティカ』（中央公論新社，2007）をはじめ，『人類の知的遺産：スピノザ』（講談社，1979)，『人と思想：スピノザ』（清水書院，1980）など数々の啓蒙書を出版し，スピノザ哲学の普及という意味でも多大な貢献をはたしたことは周知のとおりである。工藤は2010年に80歳で永眠したが，その葬儀においてわれわれははじ

めて工藤がフランシスコ工藤喜作という洗礼名をもつカトリック教徒であったことを知った。このことに対しては参列者の多くが衝撃を受けたものだった。しかし，工藤は生前から，イエスの言動とスピノザとのあいだには多くの共通項があることを述べており，その主張は晩年になるに従って顕著になっていった。

《世界の名著》(1969) に収録された齋藤博との共訳『エティカ』は，今世紀に入ってから《中公クラシックス》(2007) として新装発売されている。この新装版に工藤が解説を書き下ろしているが，この解説でははっきりとクリスチャンとしてスピノザと向き合う工藤の心情が描かれている。

「ということは人間の救済，至福には二つの道があることをスピノザは示唆しているのである。一つは聖書の教えに従順であること，他はスピノザのいう理性の教えに従うことである。このことは神の観念がまったく異なっていたとしても，また精神の永遠性を知らなくても，あるいは聖書の教えを知らなくても，人間が真に回心をなすならば帰するところは一つであるといっているのである。スピノザは聖書の教えに従うのではなく，彼自身の理性の立場から，聖書の目指すものを求めていたとも言える。」(『エティカ』解説, 2007)

さらに他界の前年，2009 年に目白大学の紀要に寄稿した文書では，「彼［スピノザ］は自分の哲学の立場から建前上はキリストを神とは認めなかったけれども，心情の上ではキリスト教徒が考える神の子イエスを考えていたと思われる。……また現実のスピノザはこの意味で隠れキリスト教徒であったのではないか」とまで述べている。(「宗教としてのスピノザ哲学」目白大学人文学研究 5, 2009)

以上のように，スピノザ協会の初代運営委員代表は進歩的マルクス主義者であり，二代目の運営委員代表はカトリックのキリスト教徒であった。思想的に大きなずれがあった二人が最初の運営委員代表を務めたことは，いかにも思想の自由を標榜していたスピノザを研究対象とする組織らしいといえるかもしれない。

「万一留守中に火事でもあったならば，ほかに何もいらないがこれだけは持ち出してくれ」

さて，スピノザ協会が発足してちょうど 10 年目にあたる 1999 年，懸案であった機関誌《スピノザーナ：スピノザ協会年報》が創刊された。この年報は今日までに 17 巻の発行を数えているが，Chronicom Spinozanum, Cahiers Spinoza, Studia Spinozanaといった海外の研究誌が創刊後比較的短期間で休刊ないし廃刊されていることを考慮すると、《スピノザーナ》の刊行が今日まで維持されてきたことは、日本の受容史にとっても少なからぬ意義があるといえよう。《スピノザーナ》は商業誌では取りあげることが難しい書誌学や資料研究の領域においても重要な役割を果たしてきた。日本におけるスピノザ受容史を研究する過程で、そもそもスピノザの原典original editionsがどのように日本に入ってきたか、すなわち欧米のメガネを通してみるのが普通だった時代に、原文批評を可能とする資料がどのように入ってきたか知ることは非常に興味深いテーマである。

スピノザ文献の国内受け入れの流れをみると、最初に日本に入ったのは東北大学付属図書館蔵の『神学政治論』(いわゆる第2版)、または群馬大学附属図書館蔵『ラテン語遺稿集』『神学政治論』(初版)であるとされている。この群馬大学の2点は前橋市の書店の経営者が1929年丸善から購入したものだったが、こうした日本におけるスピノザ文献(原典)の受け入れ状況を綿密な調査によって明らかにしたのが《スピノザーナ》4 (2003) に掲載された高木久夫の〈研究ノート〉および〈エッセイ〉だった。これらのレポートでは『神学政治論』の4つの版がすべて国内に存在していることをはじめ、原典の何がどこに所蔵されているかが詳しく紹介された。

ところで、スピノザ研究者の多くは、群馬大学にスピノザ文献が多く揃っていることを知っている。しかし、なぜ群馬大学にスピノザコレクションがあるのかということまで詳しく知っている人はあまり多くないと思う。工藤喜作も群馬大学にはスピノザ文献が沢山揃っていると聞いて、群馬大学の石沢要教授を訪ねていったと述べているが、しかしなぜ、群馬大学に揃っているのかまでは知らなかったようである。

では実際は、いったい誰がどういう経緯で群馬大学の図書館にスピノザ文献を収めたのか。高木はこの問題についても実際に関係者に取材しながら調べ、その成果を《スピノザーナ》の同じ号に寄稿している。

群馬県前橋市に煥乎堂という古い書店がある。この煥乎堂の2代目、つまり先代のあととり息子に高橋清七という人物がいた。彼は、終生高等教育を受けることもなく、その生涯を一書店主として過ごした。知識欲が旺盛な子供だっ

たが，先代の父親には，商人に進学などもってのほかと教育され，店先の本を読んでいても怒鳴られたという。本は「読むものではなく売るもの」だという環境で育ったと思われるが，清七の知識欲は抑制することができず，清七は漢籍からラテン語文献まで独学でマスターし，そのコレクションは1万数千冊に及んだ。なかでもつねに座右にあったのが，スピノザの17世紀原典「神学政治論」初版と「ラテン語遺稿集」だった。

娘の日記には，清七が「横書きノートにフォン・ゴットをラテン語，ドイツ語，英語で写し，訳文を作り精読する姿」が記録されている。長女は「父は本質において哲学者だった」と述懐している。

清七はみずからが経営する煥乎堂の社員教育のために「新煥乎堂様式綱領」を配布するが，そのなかで『エチカ』の一節を引いて，人間は真に自立した存在ではなく，相互に依存しあうことを説いて，「自己の存在の持続に努力すると同時に自分以外のものの存在の持続に努力しなければなりません」と主張し，相互に有用な関係を実現することを商道徳の出発点に据えたという。

『エチカ』のノートも含めて清七がみずからのために残した夥しい筆記録は，終戦10日前の前橋空襲で，自宅屋根裏の書斎もろとも灰燼に帰した。ところが，清七の膨大な蔵書は，親族の手によって組織的に疎開され，「神学政治論」と「ラテン語遺稿集」も戦災を免れた。これらは当時清七が破格の金額を支払って丸善から入手したものだった。

なぜこれが戦災から逃れたかといえば，清七は日頃から「万一留守中に火事でもあったならば，ほかに何もいらないがこれだけは持ち出してくれ」と家族に念を押していたためであった。家人は清七のこの言葉を守り，戦火に耐えたこの収集は，複数のスピノザ原典版を含む貴重な資料として，その後重要な役割を担うことになる。清七の膨大な蔵書は，設立されたばかりの群馬大学に寄贈され，その内のスピノザ関係の236点は「スピノザ文庫」と名付けられた。

こうして日本初のスピノザコレクションを築いたのは市井の哲学者であったことが《スピノザーナ》のレポートとして明らかにされた。清七の「神学政治論」と「ラテン語遺稿集」はいまも群馬大学図書館に所蔵されている。

「スピノザの新たな革新の顔が異なる地平であぶり出されている」

　さて，竹内，工藤が他界し，運営委員代表を引き継いだ齋藤博は，工藤とともに《世界の名著》『エティカ』(1969) の翻訳に携わったが，工藤とはかなり異なった立場から，スピノザ哲学にアプローチしていた。齋藤のスピノザ研究者としての原点は『スピノチスムスの研究』(創文社，1974) そして"Spinozism and Japan" (in Hessing S (ed): Speculum Spinozanum 1677-1977, Routledge) にあり，これらの論文ではスピノザに対峙するヨーロッパ思想そのものに対する批判が展開されていた。

　齋藤は，スピノザが没した直後はあれほど唾棄されるべき存在として「死んだ犬」のように扱われていたのに，なぜ18世紀末期に至ってから，デカルトの後継者として哲学史上の「王道」のなかに登場するようになったのかという点を問題視した。齋藤はブランシュヴィックやウォルフソンを参照しつつ，ヨーロッパがスピノザを受け容れたのは，ヨーロッパ自身がスピノザの哲学に対する態度を劇的に変化させ，スピノザとの関係を和解に転換させたためだったと指摘する。ヨーロッパは，スピノチスムスが根づくための土壌を提供するために自己否定し，シュミットがいう意味で，昨日の敵を今日の味方として扱うようになったのだった。実際，スピノザ哲学は，デカルト哲学やラテン語による哲学を継承したものではなく，スピノザが最初に馴染んだのはヘブライ語の文献であった点に注目すべきであるという。日本では，キリスト教がヨーロッパほどに根づいていないからこそ，非ヨーロッパ的な視点に立ってスピノチスムスを解釈することが可能なのである。すなわち，ヨーロッパ社会では見えないものが，キリスト教の桎梏から自由な日本ではみえてくる，というのが"Spinozism and Japan"で齋藤が主張した結論であった。

　『スピノチスムスの研究』の出版に際して，当時，出版社は「スピノザ研究」というタイトルで発行させて欲しいと申し入れたが，齋藤はその申し出を受け入れなかった。その理由はこの本の主眼がスピノザ哲学そのものの解明ではなく，ヨーロッパにおけるスピノチスムスという現象をどう解釈するかという点に置かれていたからであった。

　齋藤は東海大学において長いあいだ文明学科で教鞭をとっていた。研究の方向性としては，ライフワークとして文明という現象の理解を目指していたよう

に見える。実際，1979年には『文明への問』（東海大学出版会），1991年には『文明を営む人間』（東海大学出版会），そして2006年には『文明のモラルとエティカ——生態としての文明とその装置』（東海大学出版会）を発表し，一貫して自身の文明論の確立に努力を傾けてきた。

しかし一見したところ結びつきが捉えにくいこの「文明学」と「スピノザ研究」という二つの領域が通底していることを示したのが，スピノザ協会が企画した『文明のモラルとエティカ』を対象とした「合評会」であった。飯塚勝久，柴田寿子がコメンテータを務めたこの合評会の内容は《スピノザーナ》8（2007）に収載されている。

齋藤はこの合評会を，自らの文明論の立場とスピノザがどう交差するのかを自問する機会として捉え，齋藤自身も文明論とスピノザ哲学を架橋する論考を「いくつかの問いかけ」というタイトルのもとに寄稿している。

齋藤はこの論文のなかで，「スピノザ哲学が危険思想の廉で社会的に葬られてからおおよそ一世紀を経てヨーロッパ世界に再生してきたそのときは，それはいわば啓蒙の顔をもって登場してきた。そこではスピノザは革新的な近代の先導者として近代化の王道に登場してきた。そして今日，再びスピノザの新たな革新の顔が異なる地平であぶり出されている」，すなわち「啓蒙的近代への批判，いいかえれば，近代文明への批判としてまさに私たちの時代に再生している」と述べる。そして「現代の文明営為を主題化したその射程には，筆者の解釈学的先入見としてのスピノザが見え隠れする」と述べている。齋藤はスピノザ協会が主催する合評会という場を活用して，スピノザ的観点からみずからの文明論を見直す機会を得たのであろう。この約10年後，彼は今日のヨーロッパ哲学に対する解釈学の秀作『報復の連鎖』（学樹書院，2016）を翻訳出版するが，その原著者Aシェップはミュンヘン留学時代からの旧友であった。この出版を機にドイツで旧友との再会を果たしたのち，2020年1月，齋藤博は「自然に帰る」（道子夫人による）という言葉を残して永眠した。

この齋藤の著書に関する合評会でコメンテータを務めた柴田寿子も，スピノザ協会において重要な役割を果たした人物として忘れてはならない研究者だった。柴田は，一橋大における齋藤の任期が終了したあとも，東海大学まで足を延ばしては齋藤の講義を聴いていた。スピノザ協会が出来てからは事務局の運

齋藤博（1931-2020）

営，会計，広報など，スピノザ協会の土台を支え続けた功労者であった。手島勲矢が追悼文に書いたとおり，柴田が「東大の先生というイメージとは結びつかない」自然な所作で「お茶を配りながら研究会にこられるお一人お一人に心を配っておられる」姿を記憶している人は少なくないと思う。

柴田は 2001年9月のアメリカ同時多発テロ事件を知ったとき，筆者との雑談のなかではあったが，政治思想史を研究するのであれば，これからはいままで以上にアメリカに目を向けなければいけないと真剣なまなざしで語っていた。研究者として絶頂期にあった頃で，このとき柴田の内面には，アメリカでの研究生活が具体的なイメージとして浮上しはじめていたのではないかと思う。

柴田は，西欧におけるリベラル・デモクラシーの伝統的解釈とは異なる視点から，スピノザの政治思想がリベラル・デモクラシーにつながるとの見方を示していた。ホッブズ，ロック，ルソーらとの差異に注目し，社会契約論や共和制論を再構成しようとする政治思想家としてスピノザを位置づけていたが，柴田の考察は徐々に思想史におけるスピノザという枠組みを超えて，同化ユダヤ人問題，政治と宗教の不可分離的な関係，そしてヴァイマール共和国を経てのヨーロッパ問題，あるいはアメリカを中心としたグローバリズムを標的に据えるようになった。

柴田は，スピノザ研究者としてアメリカでの在外研修を決心し，イエール大学でスピノザやシュトラウスの研究をリードしていたスティーブン・スミスと

の共同研究をはじめようとしていた矢先，難治性の病いに侵されていたことが判明した。そして54歳という年齢で，将来を有望視されながら帰らぬ人となった。スピノザ協会にとっては最大の悲劇だった。

　柴田寿子の思想は，主に二つの著作（単著）に結実されている。一つは『スピノザの政治思想——デモクラシーのもう一つの可能性』（未来社，2000），もう一つは『リベラル・デモクラシーの神権政治——スピノザからレオ・シュトラウスまで』（東大出版会，2009）である。これら2冊の刊行の間には約10年の開きがあるが，この間の思想形成の進歩は目覚ましく，スピノザ政治論への取り組みのスケールが大きく広がったことが窺える。西欧哲学史ないし思想史において異端であったスピノザが当時の政治思想をどのように補足しつつ転換したか，また逆に西欧近代の政治思想がスピノザの何を見落とし何を無意識的に抑圧したのかを明らかにしようと試みつつ，最後の著書となった『リベラル・デモクラシーの神権政治——スピノザからレオ・シュトラウスまで』では，第3帝国で迫害される側にあったアーレントと迫害する側にあったシュミット，ユダヤ人でありながら反ユダヤ主義的とされたマルクスにも照準を合わせ，まさに近現代の政治思想史の深部に迫る議論を展開している。

「時間におぼれるものには命の大切さはわからない」

　スピノザ協会が設立されて20年が経ち，この柴田寿子の著作のように，政治思想の分野においても水準の高い研究書が登場することになったが，一方「スピノザ協会」の展開と軌を一にして啓蒙書（あるいは「入門書」）のレベルでも従来にはみられなかった動きが散見されるようになった。なかでも2005年に発行された上野修による『スピノザの世界』（講談社）はささやかな事件であったように思う。

　従来，スピノザの入門書（概説書）といえば，たいていは教科書的で，言ってみれば誰が書いても同じような記載になってしまうのが定番だった。たとえば，最初に生い立ち，何年に生まれ，どこで育って，どんな教育を受けて，と。しかしこの「入門書」では，スピノザの来歴についてわずか数十行ほど書き進めたところで，突飛にそれをさえぎるスピノザを登場させ，「すっこんでいろ，サタンといいたいな。君は人間のことばかり考えていて神のことを少しも考え

柴田寿子 (1955-2009)

ていない」。「私の人間的来歴などどうでもよいのだよ」と語らせる。

　『スピノザの世界』が出版されたとき，従来のスピノザの解説とはまったく異質なトーンであることに多くの読者が戸惑いを覚えたと思う。なぜなら「事物について何かを肯定したり否定したりするのはわれわれではない。事物自身である」という前提に立ち，いかにもポストモダン的な雰囲気を漂わせながら，"スピノザをどうみるか"ではなく，眼前のいま・ここにある世界を"スピノザで"どうみるか，が重要なのだと解説されるからである。「スピノザにみえた世界がどんなものなのか，その不思議な光景を理解の内側から眺めること」を教えるこの本は，スピノザ入門というよりも，スピノザが体験した世界を体験するためのガイドブックにほかならなかった。だから一緒にスピノザがみた世界を体験してみようという読者にはスッと入っていけるが，そういう構えがない読者にとってはとりつく島がないというのが正直なところだろう。

　面白いことに，この後に登場してきたスピノザの「入門書」は，それ以前によくみられた教科書的なものが姿を消し，書き手の個性が前面に現れたものがむしろ多くなってきたような気がする。これは日本だけの現象ではないだろうか。

　一方，齋藤のあと運営委員代表を継いだ1935年生まれの河井徳治が書いた入門書『スピノザ「エチカ」』（晃洋書房，2011）は，また別の意味で，西洋哲学史のなかで試みられてきた形而上学の課題がスピノザで集大成されたかのような筆致でスピノザ哲学を紹介したものであった。この本は『知性改善論』など

からの引用も多く，本人は研究書ではないと断っているが，河井自身のスピノ
ザ研究の成果が凝縮されていて，スピノザ入門というよりは，スピノザをとお
して西洋哲学史の考え方，科学と哲学との関係の捉え方を明らかにしたものと
読むことができる。冒頭で河井は，「スピノザの視点」として「スピノザもア
リストテレスの伝統に従っている」と述べ，「ただ，ルネサンスや宗教改革を
経て新しい近代科学の発祥とともに生まれた近代の思考方式による倫理学を確
立しようとした点が異なる」と述べている。河井は「スピノザの視点の背景に
は，数学や実証的自然科学の観点とその成果があった」ことを重視しつつ，
「要するに17世紀の西欧の哲学は原理探究の時代であった」としてスピノザ哲
学を原理追及の観点から論じるという方法をとった。

　河井のスピノザ研究者としての立場は大著『スピノザ哲学論攷』（創文社
1994）で詳述されている。この本の冒頭，河井は「すべて在るものは神のなか
に在り，そして神なしには何物もあり得ず，また概念されえない」という記述
を引き，試みにこの「神」という言葉を自然という言葉に置き換えて読んでみ
るならばどうであろうかと述べている。

　「すべて在るものは自然の中に在り，そして自然なしには何ものもあり得ず，
また概念されない，と。スピノザはこの読み替えを許す。」このように「自
然」の立場からスピノザ哲学の意義を探求したのが河井の特異的なアプローチ
だった。

　この本は河井が終始探究し続けてきた自然，すなわち「生命概念」を中心に
論じたものだった。『スピノザ哲学論攷』は，副題に「自然の生命的統一」と
記されていることからも明らかなように，第一部「自然と認識」第2部「自然
と人間」第3部「自然と社会」とそれぞれに自然をテーマとした構成となって
いる。この本の出版は1994年だったが，2005年大阪産業大学の定年退職を迎
えた年，河井にとってもっとも重要な概念であったはずのコナツスに焦点を当
てた論文「コナツス概念の原理的諸相」が発表された（《スピノザーナ》7（2006））。
このなかで河井は，従来の哲学史における原理探究（ストア派，カントの「論理
学」「自然学」「倫理学」の区分や，デカルトの哲学を一本の樹木に例える区分）とスピ
ノザの原理は根本的に異なっているとし，スピノザにおいてはこれらの諸原理
の関係は積層的だと主張した。「それゆえスピノザにとって形而上学的原理は，

河井徳治（1935-2018）

自然学的原理を支え，自然学的原理は倫理学的原理を支えているということができる」という。

こうした前提に立って，河井はスピノザ自身の生命概念がどのようにコナツスの概念に発展していったかを考察し，コナツスは心身合一体に固執する生命活動それ自体でなければならない，と主張する。河井は，アリストテレスのように社会性を人間本性に認めなかったスピノザがなぜ，人間の共同生活や国家において，いかなる行為が自己維持にとって重要であるかを問題にしたのかを解説する。

河井は学問的には厳しい人だったが，彼の自然のなかに神をみる眼には心優しい側面があった。戌年の年賀状に，筆者が小学生の頃に飼っていた犬が不幸な死を遂げたが，現在傍らにいる愛犬の目に，かつて一緒に過ごした亡き犬の表情が覗いていることがある，といったことを書いたところ，すでに届いていた年賀状とは別に，改めて「ご愛犬のこと，つくづく拝読，こうした感性こそが，スピノチズムの底流になっているのだ，と感服しきりです」とメールを送ってくれたことがあった。河井は日常生活のなかでも，あらゆる個物のなかに「永遠」をみていたのだと思う。河井からのメールを受け取ったこの年（2018年）の6月，彼は83歳の生涯を閉じた。河井の『スピノザ「エチカ」』の末尾は，「時間におぼれるものには命の大切さはわからない」という言葉で締め括られている。

結　　語

　このエッセイはスピノザ協会が主催する「日本におけるスピノザ受容をめぐるワークショップ」の一演題として発表した「スピノザ協会の設立と展開」の内容をまとめたものである。とくにスポットを当てたのは，スピノザ協会を育てながら，研究者としての活動を発展させ，他界によって惜しくもその活動を完結させざるを得なかった人びとの足跡である。彼らはスピノザ研究の進歩に寄与しただけでなく，日本のスピノザ研究の歴史そのものをつくった人びとでもあった。一方，研究者ではなかったが，協会のメンバーでもあった田村信三が『シンプル親父のスピノザ哲学』という3部作を出版し，普通の人がどうスピノザを読み，そこから何を得たかを書いて昨年の春亡くなった。「たまたまスピノザを読んだものさえも，それも本職の哲学者以上に，スピノチストになっていることがありうる」というドゥルーズの言葉は，われわれの身辺においてますます真実であることを実感させる。（文中の敬称は省略させていただきました。）

The people who created *Spinoza Kyokai*

YOSHIDA Kazuhiro

This essay provides a history of the Spinoza Society in Japan and of people who were involved in its development during the period between ca. 1989 and ca. 2018. In the 1960s and 1970s, when political movements around the world were so active, interest in Spinoza arose again like in the 19th century, and in conjunction with this, a revised interest in the philosophy of Spinoza became remarkable in Japan as well. *Spinoza Kyokai*, Spinoza Society of Japan, was founded in March 1989 in this circumstance under the leadership of SAKURAI Naofumi. The purpose of the organization was to advance the study of Spinoza and make its expertise available to researchers and equally ordinary people having a particular interest in Spinoza.

Many people from various standpoints attended the podium sessions provided by the society, thanks to public relations, and in 1991 international symposiums were held in Tokyo and Kyoto (*cf. Ueno's report, Studia Spinozana* vol. 8 (1992), 1994). Meanwhile, the plan for a Japanese edition of the complete works of Spinoza was also launched.

TAKEUCHI Yoshitomo, who took the Chair as the first representative of the society, stood in the position of the socialist movement and had a strong sympathy for the scholars in Europe developing a new stream of the Spinoza renaissance. The next representative, KUDO Kisaku, was a Spinoza researcher who did not show so much interest in such trends in connection with political movements but conducted studies in a more traditional approach within the academic ambiance. TAKEUCHI was a progressive Marxist, while KUDO was a Christian. The fact that two professors with such completely different positions served as the first representatives of the society suggests distinctive management of an academic society that deals with Spinoza who advocates freedom of thought. Ten years after *Spinoza Kyokai* was founded, in 1999, the official journal of the society, "*Spinozana*" was published for the first time. In this journal, articles on Spinoza studies and reports on how Spinoza's original editions came into Japan, and reviews of the meetings held by the society were featured.

SAITO Hiroshi, who became the next representative after KUDO's death, was known as a professor majoring in civilization theory at his university and developed discussions that bridged civilization theory and Spinoza's philosophy. SHIBATA Toshiko, as the secretariat of the society, viewed Spinoza in the context of social philosophy and pursued the role he played in the history of political thought. KAWAI Tokuharu who succeeded SAITO as a representative explored the significance of Spinoza's philosophy from the standpoint of natural sciences. Meanwhile, recently, the typical textbook-like introductory guide to Spinoza has less appeared in Japan, with rather the writer's individuality coming to the fore.

Note: This essay is based on a presentation given at the workshop, the acceptance of Spinoza in Japan, held in 2022 by *Spinoza Kyokai*.

(29 September 2022)

〈公募論文〉

『短論文』における摂理と愛
——スピノザ初期思想とストア派倫理学との比較

藤井　千佳世

はじめに

　スピノザは『エチカ』第5部序文において、名指しでストア哲学を批判する。スピノザ思想形成における最終的なストア哲学からの離反は明らかである。それでも、それぞれの哲学を大きく見た時、両思想は親近性をもつと指摘されてきた。同時代のライプニッツが、スピノザを「新ストア派」と呼び(GVII333-334)、また後世のスピノザ受容を方向づけたベールの『歴史批評辞典』でも、神＝自然であり、万物はその変様であるというスピノザの考え方は、摂理を認めない点以外は、ストア派の世界霊魂論に通じると言われる[1]。ただし、ベールはスピノザの第三種認識を理解せずにスピノザを批判したと言われているが(三井1980, p. 102)、こうした解釈を踏まえると、個物の本質の十全な認識である第三種認識なしのスピノザ体系は、ストア主義と同一視されるような類のものと受け取られてきたと推測できる。第三種認識が主題化される『エチカ』第5部の冒頭においてストア派は明示的に批判されるが、この直前の第4部末尾には、スピノザ自身の考えがストア派に近いことを示唆する記述も見られる。スピノザは、ストア哲学に最も近づいた直後に、ストア派を名指しで批判する。よって、スピノザとストア哲学の比較は、体系的類似性以上のデリケートな問題を含み、特に、個物の本質の認識に関するスピノザ固有の考え方を理解する上で重要な視点を与えてくれるはずである。本稿では、スピノザが、ストア派ということで、具体的にどのような問題と向き合っていた可能性があるかを、『神・人間及び人間の幸福に関する短論文』(以下『短論文』)における摂理と愛

についての記述を手がかりに検討する。特に、セネカ及びキケロのどのテクストがスピノザ独自の思想形成と深く関わるかを明らかにし、『短論文』にはストア的思想が色濃く反映されていることを示す。

1.『短論文』における神の摂理とストア派

1-1.『短論文』における神の摂理

スピノザは、『エチカ』の目的論批判の文脈において、神の摂理を「無知の避難所」として痛烈に批判する。こうした批判からすると、『短論文』の神の摂理についての記述は、戸惑いを感じさせる。なぜなら、『エチカ』では批判の対象であるはずの神の摂理が、『短論文』では神の第二の属性として挙げられているからである。

> 我々が特有のものと呼ぶ第二の属性は摂理である。これは、我々にとっては、自然全体と個物の中に見出されるところの、自己の存在を維持し保とうとする努力に他ならない。なぜならいかなる事物も自己自身の本性によって自己の破滅を求めるようなことはあり得ず、反対に各々の事物は、自己の状態を保ち、よりよくしようとする努力を自らのうちにそなえていることは明らかだからである。

> この定義に基づいて我々は普遍的摂理及び個別的摂理を認める。普遍的摂理とは、各々の事物が全自然の一部分である限りにおいて創造され維持されるところの摂理である。個別的摂理とは、各々の事物が自然の一部としてではなく一つの全体として見られる限りにおいてそれぞれ自己の存在を保つためにそなえる努力である。これは次のような例で説明される。人間の四肢はどれも人間の部分である限りにおいて摂理され配慮される。これが普遍的摂理である。個別的摂理は、手足の各々が（人間の一部としてではなく一つの全体として）自らに固有の幸福（健康）を保ち維持するためにそなえる努力である。
> (KV I. 5)

　この議論が、『エチカ』の最重要概念である自己保存の努力（コナトゥス）に
繋がることは明らかである。また、自然全体と個物において自己保存の努力と
して顕現する神の摂理は、普遍的摂理と個別的摂理に区別された上で、人間の
四肢を例に連続的に理解されるが、この区別は、形式的には、『エチカ』第2
部における二種類の共通概念の区別——「すべてに共通のもの」(EII, prop. 38)
と「人間身体と人間身体が触発されるのを常とするいくつかの外的物体に共通
で特有であるもの」(EII, prop. 39)——を、内容的には『エチカ』第2部定理13
補助定理7備考の個体概念——「全自然が一つの個体であってその部分すなわ
ちすべての物体が全体としての個体には何の変化もきたすことなしに無限に多
くの仕方で変化する」——を想起させる。これらの概念は、主著において、ス
ピノザ独自の思想を構成する重要な要素になっている。

　畠中は、『短論文』の摂理概念とストア派の考え方の親近性を示唆する。「ス
ピノザの内在的な神の概念はスピノザをして摂理の解釈を従来と全く異なるも
のにさせた。彼の解釈は神学的なそれと全然異なりむしろストア派のそれに近
似する」(畠中1955, p. 236)。しかし、この点に関してこれ以上は説明されない。[2]
スピノザがストア派を意識していたかどうかは検討の余地がある。

　『エチカ』第1部付録においてスピノザは神的摂理に対し否定的な態度を示
す (EI, app. 7)。『エチカ』第1部の批判対象である神的摂理に対し、ロングは、
スピノザの標的はユダヤ・キリスト教的な伝統であると述べているが、それで
も、世界を人間に有益なように設計されたものとみなすストア的摂理概念はス
ピノザの考えとは対照的であり、「神がすべてのものに内在し、それが全体な
るものの善のため同時に活動する」というストア派の見解はスピノザ哲学とは
相容れないと考える (Long2003, p. 377-378)。近藤は、『エチカ』第1部付録にお
いて批判される目的論世界観 (「見るための目」、「咀嚼するための歯」etc.) は、キ
ケロ『神々の本性について』における記述とほぼ完全に対応していると指摘す
る (近藤2009, p. 62)。またスピノザは、『エチカ』第5部において、摂理概念に
関してではないが、ストア派を名指しで明示的に批判している (EV, praef. 2)。

　ここでは次の3点を確認した。1/『短論文』の摂理概念に、スピノザ哲学に
おいて極めて重要な概念のルーツを見ることができる、2/『短論文』の摂理概
念はストア的であるという解釈もあるが、この解釈は確証的ではない、3/『エ

チカ』では、ストア的な摂理概念も、ストア派の学説も明示的に批判されている。このように摂理概念は、『短論文』では肯定的文脈において、『エチカ』では否定的文脈において登場する。このスピノザの摂理概念に対する両義的スタンスを理解するために、また、『短論文』の摂理概念が、ストア派を意識したものなのかどうかを検証するために、『神学政治論』における摂理概念への言及を参照する。

1-2.『神学政治論』における摂理概念──思い込みの摂理と自然の秩序と整合的な摂理

　『神学政治論』では二つの摂理について語られる。一方で、奇跡としての摂理は、思い込みの摂理あるいは特別な摂理（singularisque providentia）として否定的に用いられる。

　民衆は、自然において何か見慣れないことや、通常自然に対し抱く意見と反することが起きると、神の能力と摂理が最も明晰に認められると思う。（TTP6. 1）

　主権は……神の特別な摂理と助けによって保ち守られているということを容易に信じ込ませることができるものもいた。（TTP17. 6）

　このように、自然の秩序に適っていないと思われる事象が摂理と呼ばれていることが批判されるが、しかし他方で、自然の秩序と整合的な摂理についても語られている。

　奇跡によって神の本質も存在も摂理も認識することはできない。むしろこれらはみな、確固にして不変の自然の秩序によって遥かによく知られる。……聖書そのものが、神の裁決や意志や摂理は、神の永遠の法則から必然的に帰結する自然の秩序そのものに他ならないと解している。（TTP6. 2）

　ここで神の摂理は、「確固にして不変の自然の秩序」そのものであると言われている。スピノザは『神学政治論』執筆時においても、否定的文脈でのみ摂

理概念を用いているわけではない。さらに注目すべきは、自然の秩序と整合的な摂理概念は、ストア派を意識したものであるという点である。

　ほぼすべての預言者にとって、どのように自然の秩序や人生の出来事を彼らが形成した神の摂理の概念と一致させるかは全く不明瞭であった。しかしものごとを奇跡に頼らず、明晰な概念で知解しようと努めている哲学者にとっては、このことは常にあって当然のことだった。ここで哲学者と言ったのは、徳と心の平静の中にのみ幸福があると考え、自然を自分にではなく自分を自然に従わせようと努めている人たちのことだ。なぜなら、彼らは、神は、人間本性の個別的法則ではなく、普遍的法則が要求するものに従って自然を導くこと、神は人類だけでなく、自然全体を考慮していることを確実に知っているからである。(TTP6.10)

　ここでも、自然の秩序と神の摂理の一致、人生の出来事といった個々の事象を普遍法則の要求という観点から理解することが問題になっている。このテクストに関し、羅仏対訳版スピノザ全集の訳注において、ラグレはセネカの『倫理書簡』第41書簡7と第76書簡8との対応を指摘する (Spinoza1999, p. 732)。ただし、この指示箇所はずれており、対応しているのは次の箇所と考えられる。

　理性が人間に要求するものとはなんだろうか。これほど簡単なものはない。自身の自然本性に即して生きることだ。(セネカ『倫理書簡』第41書簡9)

　立派な人物が神々に対して誰よりも深い敬虔心をもつことを君は認めざるをえないだろう。彼はどんなことが降り掛かろうと平然ともちこたえるだろう。実際それが降りかかったのは宇宙の進展を律する神の法によることを知っているだろうから。そうだとすれば、彼にはただ一つの善、立派なことがあるだけだろう。実際、立派なことの中身とは、神々に従うこと、つまり、突然のことに熱い感情をたぎらせず、自分の境遇を嘆かず、忍耐強く運命を受け入れて、その命令を行うことだ (セネカ『倫理書簡』第76書簡23)

　ラグレは、先の引用箇所 (TTP6. 10) における「幸福と徳の同一視」と、「全体的な自然法則への特殊な自然の個別的法則の挿入」はストア的な調子を帯びていると指摘する (Spinoza1999, p. 732)。少なくとも『神学政治論』において、自然の秩序と整合的な摂理、普遍法則の要求という観点から人間本性の個別的法則について言及される際、「徳と心の平静の中にのみ幸福がある」と考え、「自分を自然に従わせようと努めた」哲学者としてストア派が意識されていることは、セネカのテクストとの対応から確認できる。

　『短論文』の摂理概念も、普遍的摂理と個別的摂理を区別した上で、個別的摂理だけを切り離して考えるのではなく、普遍的摂理との連続性において捉えられている点に特徴があった。神の摂理は、特別な摂理 (つまり奇跡あるいは思い込みの摂理) ではなく、自然全体の維持でもあり個物の存在の維持でもある。ここでは、『神学政治論』において、神の摂理と自然の秩序の一致の問題、普遍法則の要求という観点から人間の個別法則について言及される際、肯定的な文脈においてストア派を示唆する記述があるという点を確認した。

1-3. 神の配慮は個物に及ぶ

　ここで『短論文』の摂理概念が何を問題にしているのか確認しておく。『短論文』第1部第5章の普遍的摂理の説明の中で、摂理と配慮という表現はほぼ同様に用いられている。第6章において、スピノザは、「神はなぜ自然の中に混乱を許すのか」と嘆く人に対し、そこに混乱はなく、原因をわかっていないだけだという。そして、この無知は、神の知性の中に一般観念があると仮定し、この一般観念との一致を個物の完全性と考えることに由来すると述べる。

　例えばプラトンの追従者の多くはこれらの一般観念 (理性的、動物など) が神によって創造されたと述べている。アリストテレスの追従者は、……神の配慮が個物の上に及ばず、類の上にのみ及ぶ、例えば神は決してその配慮をブケファロスなどの上には及ばさずに、単に馬という全類の上にのみ及ぼす、とはっきり言っている。彼らはまた、神は可滅的な個物については知識を有せず、ただ普遍的な事物、彼らの意見に従えば不滅的である事物についてのみ知識を有すると主張する。しかし我々は当然これを彼らの無知と考えた。

なぜなら、まさに個物のみが原因を有し、普遍的な事物は実在しないがゆえに原因を有しないからである。

　　神はただ、個物の原因であり、配慮者である。そこでもし、個物が何らかの他の本性と一致しなければならないとすれば、それは自らに固有の本性と一致することができず、したがってそれが真にあるところのものでありえなくなるであろう。……ペテロは必然的にペテロの観念と一致すべきであって、人間の観念と一致すべきではない。……自然の中に存在するすべての事物と働きは完全なのであるから。(KV I. 6. 7-9)

　ここから、「神の配慮」が問題にされた意図を理解できる。プラトン及びアリストテレス批判を通して問題になっているのは、一般観念を介さない神と個物の関係のあり方である。神の配慮は個物に及ぶ、この議論の延長線上に、個物と個物自身に固有の本性との一致の問題、それがとりわけ（『知性改善論』や『エチカ』において展開される）実在のペテロとペテロの観念の関係の問題として考えられているのも興味深い（勿論、『知性改善論』と比べても、『短論文』の議論は、スピノザ固有の認識論として洗練されたものではない。また『エチカ』との違いに簡単に注目するなら、『短論文』では、個物と個物に固有の本性の一致が問題になっているのに対し、『エチカ』では、「観念の秩序と連結」と「事物の秩序と連結」が問題になる）。とりあえずここで問題になっていることを確認するなら、それは、個物の本性を類概念に還元することなく、個物そのものの次元で理解することである。個物と個物に固有の本性の一致、ここに神の完全性が理解される。
　以上、『短論文』では、自然全体と同時に個物の存在を維持する自己保存の努力としての摂理概念によって、神の配慮と個物の関係、個物と個物の本性の一致の問題が考えられていたことを確認した。次章では、『短論文』の摂理概念に含まれるこれらの問題が、ストア派のオイケイオーシス概念において繋がることを確認する。

2. ストア派のオイケイオーシス論

2-1. 衝動 (hormē) かオイケイオーシス (oikeiōsis) か

　従来の解釈において、コナトゥスの一つのルーツとみなされてきたのは、ストア派の衝動 (hormē) 概念である。ウォルフソンは、ディオゲネス・ラエルティオス『哲学者列伝』第7巻85においてストア派のものとされている「動物の最初の衝動は自己保存である」という見解は、キケロによると「あらゆる自然 (の生き物) は、自らを保存することを欲求する (vult)」というペリパトス派の主張の繰り返しであり(『善と悪の究極について』第4巻第7章16)、この自己保存の原理は、アウグスティヌス、トマス・アクィナス、ドゥンス・スコトゥス、ダンテ、テレジオにも見られること、そして、vult, velle, appetit がギリシア語のhormēを起源とし、hormēはコナトゥスとも訳され、キケロやホッブズがコナトゥスと appetitio を同義語として用いていること、これらを理由に、コナトゥスとhormēの歴史的繋がりを指摘する (Wolfson1934, pp. 195-197)。この解釈をミラーは次の点から批判する。hormēがコナトゥスと訳されてきたことは事実としても、hormēは一時的心理的衝動であるのに対し、スピノザのコナトゥスは、実在に留まる努力であり、問題は習慣的、永続的に何を欲望し、避けるかである。ストア派の衝動は存在の本性を構成しないが、スピノザのコナトゥスは、事物の活動的本質と言われている (Miller2015, pp. 102-103)。

　ミラーは、ウォルフソンが注目した『哲学者列伝』第7巻の衝動論に登場するオイケイオーシス概念とコナトゥス概念との連関を指摘する (ibid., pp. 103-104)。『哲学者列伝』には、次の記述がある。

　彼ら (ストア派) の主張によれば、動物は自己自身を保存することへと向かう最初の衝動をもっている。というのは、クリュシッポスが『目的について』第1巻の中で述べているように、自然はそもそもの初めから、動物を自分自身と親近なものとなるようにしているからである。すなわち彼は、「すべての動物にとって何よりも一番に親近なもの (oikeion) は、自分自身の組成とそれについての自己感知である」と言っている。……自然は、動物の組成を作ったとき、これをそれ自身に親近なものとしたというより他はない。事実、

　そうであるからこそ、動物は自分に害をなすものは押しのけて、自分に親近
なものへと向かって進んでいくのである。そして、動物にとっての最初の衝
動は、快楽に向けて生じたという、一部の人たちの説は誤りであることを、
彼らは明らかにしている。(『哲学者列伝』第7巻85)

　ここで「保存するtēreō」というギリシア語は、①見張る、監視する、防備
する、②注意する、用心する、③気をつけてよく見る、観察する、見守る、④
約束などを守る、という意味をもち、そこから安全に保つ、維持するという意
味へと派生している。「親近性」や「専有」と訳されるオイケイオーシスは、
こうした意味で自己保存に向かう最初の衝動であり、自分自身の組成とそれに
ついての自己感知であるが、それはまず、自然の働きとして記述されている点
に特徴がある。
　ロングは、オイケイオーシス概念によって、動物の自己保存の衝動が、「あ
らゆる点で完全な存在が定めたことでもある」(Long1986, p. 186)ことが保証さ
れる点にストア派倫理学の独創性を見る。ロイドは、オイケイオーシス論は
「個々の動物の行動の記述としても宇宙を全体として特徴づけることとしても
機能している」(Lloyd2008, p. 92)と述べる。「動物は自らに固有のものと適合す
ると言われるが、自然もまた、それぞれの動物を自らに適うものとするとも言
われる」(ibid.)。
　このように、オイケイオーシスは、ストア哲学において神の摂理と自己保存
の衝動を結びつける上で核となる概念である。さらに、自然が動物をそれ自身
に親近なものとし、動物が自らに固有のものを親近なものとするという関係は、
『短論文』における、普遍的摂理と個別的摂理の説明と重なる。ミラーは、ス
トア派のオイケイオーシスと『エチカ』のコナトゥス概念の違いに注目して、
スピノザ哲学の非ストア派的な側面を分析しているが、少なくとも『短論文』
の摂理概念に含まれる問題(自然全体と同時に個物の存在を維持する努力、神の配慮
と個物の関係、個物と個物の本性の一致)は、オイケイオーシス論と対応している
ことが確認できる。
　神崎は、オイケイオーシス論において、行為の動機づけが快苦の感情ではな
く、自己自身の身体状況を含めた自己認知に基づく点に注目する(神崎2005,

p. 13）。この快楽説への対抗という問題はセネカ『倫理書簡』第121書簡においても確認できる。

　この書簡では、動物が四肢を巧みに動かせる理由として、違う動かし方をすることに伴う痛みに対する恐怖によるという考え方は間違っていることが、歩きはじめの幼児が何度も転び、痛みで泣きながらも、立ち上がろうとすることや、仰向けの状態でも何の苦痛も感じないはずの亀が、それでも自然な姿勢を求めてジタバタして、四本の足で立つまで懸命にもがき続けることを例に示される。

　　このように、すべての動物には自分自身の組成に対する感覚があり、それで
　　四肢を自在に動かすことができるのだ。……この組成というのは、心の主導
　　的部分が、身体との関係において一定の様態を保っていることである……か
　　の幼児も、自分の組成が何であるかは知らなくても、自分が動物であること
　　を感じている。……我々も皆、何か自分自身の衝動を引き起こすものがある
　　ことを理解している。だがそれが何であるかは分からない。……動物はまず
　　自分自身と親近になる。というのも、他のものと関連づけられる何かがなけ
　　ればならないからである。……もし私がなすことのすべてが私自身への配慮
　　のためであるならば、すべてに先立って私自身への配慮があることになる。
　　（セネカ『倫理書簡』第121書簡6-17）

　この書簡では、「自然がまず存続のための備えとして動物に付与したのが、親近性と自己愛だ」（同書簡24）ということが、四肢の動きや自己への配慮との関わりで議論されているが、こうした問題は、『短論文』の神の摂理についての記述との対応を感じさせる。また、セネカのテクストの「我々も皆、何か自分自身の衝動を引き起こすものがあることを理解している。だがそれが何であるかは分からない」という記述は、『エチカ』の「人間は自分の行動を意識しているが、自分をそれへ決定する原因は知らない」（EIII, prop. 2, sc. 5）という記述との対応をみることができる。セネカのテクストにおいてオイケイオーシス論が展開されている箇所の記述と、『エチカ』の印象的な一節が対応している点は注目に値する[3]。

　神崎は、セネカのオイケイオーシス論において、自己の身体の組成に対する

自己感知が、他のものとの関係性における自己構築の働きへと展開している点に注目し、ストア派の自己感知を、プラトンの諸感覚の統括機能としての魂やアリストテレスの「感覚していることの感覚」と区別して、次のように特徴づける。「「自己感知」は、……一種の「やり方」の感知である。それは「使用」に伴って何が「必要」かを感覚的に知ることである。それは……道徳的な「善さ」でもなければ、利便に関わる「有益さ」でもない。それは自然から切り離された超越的価値でもなければ、自然に対して自動的に反応する主観的価値でもなく、自らの組成と相関的な、しかも認知を伴った価値だからである。しかもそれは、社会的な価値をも内包するものである」(神崎2005, pp. 15-16)。このように神崎は、オイケイオーシス論を、行為の動機づけとして快苦よりも認知を強調する点、他のものとの関係を自らの組成と相関的に理解する点から特徴づけ、そして、これらの点に、プラトンやアリストテレスとは区別されるストア派の自己感知の考え方の独自性を見る。

　スピノザのコナトゥス概念のルーツを考える上で、衝動という言葉では理解しがたい側面が、オイケイオーシス論との比較によって見えてくることは確かである。よって、スピノザのコナトゥスのルーツは、衝動というよりもオイケイオーシスであるというミラーの解釈を、『短論文』の摂理概念との連関から、次の点において支持する。1/ストア派のオイケイオーシスは、前章において確認した『短論文』の摂理概念が内包する問題、自己保存の努力、神の配慮と個物の関係、個物と個物の本性の一致の問題を繋ぐ概念である。2/セネカのテクストにおいてオイケイオーシス論が展開されている箇所と、スピノザのテクストに色濃い表現上の類似点が見出される。3/『短論文』では「神の配慮は個物に及ぶ」という観点からプラトンやアリストテレスの一般観念が批判されているが、ストア派のオイケイオーシス概念も、プラトンやアリストテレスとは異なる倫理的射程、個物と個物の本性の一致（自らの組成に相関的な認知）の問題を含んでいる。

2-2. グロティウスとオイケイオーシス概念

　ミラーは、グロティウスの著作におけるオイケイオーシス概念に関する言及にも注目する。『戦争と平和の法』(1625) の序言に、次のような記述がある。

人間に固有の行動の中に社会的欲望がある。この社会は、どんなものでもいいわけではなく、平和的で、知性の尺度によって同種の人間とともに組織された社会である。ストア派はこれをオイケイオーシスと呼んだ。それゆえ、あらゆる動物が自然によって、自己の利益のみを求めるように向けられるということは、普遍的に考えるならば、これを容認してはならないのである。（『戦争と平和の法』序言6）

このテクストを根拠に、ミラーは、1/17世紀においてオイケイオーシス概念が知られていないものではなかった、2/『戦争と平和の法』は当時広く読まれていたので、スピノザの蔵書目録になくとも[4]、目にした可能性はあり、目にすれば序言のオイケイオーシス概念に遭遇していたはずだと述べている（Miller2015, p. 106）。

グロティウスは、オイケイオーシスという語に付した原注において、クリュソストムス「ロマ書注解」（第1章31節に関する説話第5巻第1章）の「人間は自然によって、他人との一種の社交性をもつ。野獣すら、互いにこれをもつ」という記述を参照し、ここでオイケイオーシスを「社交性societas」と訳している。

グロティウスのテクストから、近世哲学においてオイケイオーシス論は、快楽説への批判の論拠になっている点、さらにそれが人間に生得的な社会性として理解されていたという点、オイケイオーシス概念の含意として、衝動よりも社会性が強調されている点が確認できる。グロティウスは「我々が何をも欲求していないとしても我々をして相互的な社会関係へと導く人間の本性が、自然法の母である」（『戦争と平和の法』序言16）と述べ、自己保存の欲望を、生まれもって他者を必要とすることに繋げて理解する。この元から備えた社会性という自己保存の欲望の理解は、『エチカ』第4部定理32から37にかけて展開される「人間の本性上の一致」の議論に重なる。ここで社会的紐帯の基盤となる人間本性は、本来的に、闘争的ではなく、結びつきを求めて止まないものとして示される。ホッブズの社会契約論との違いを考える上でも、グロティウスのオイケイオーシスへの言及は注目に値するといえよう。

3. 『短論文』における愛とストア派

3-1. マトゥロンの解釈——『エチカ』における「ストア派的瞬間」の意義

　次に『短論文』における愛の概念とストア哲学との連関の考察に移るが、ま
ず、『エチカ』におけるスピノザのストア派に対する立ち位置に関するマトゥ
ロンの解釈を参照する。マトゥロンが、『エチカ』全体の中で最もストア的瞬
間とみなすのは、『エチカ』第4部付録の第32項である。

　　我々の利益への考慮の要求するものと反するような出来事に遭っても、我々
　　は自分の義務を果たしたこと、我々のもつ能力はこれを避けうるところまで
　　至り得なかったこと、我々は単に全自然の一部であってその秩序に従わなけ
　　ればならないこと、そうしたことを意識する限り、平気でそれに耐えるであ
　　ろう。もし我々がこのことを明晰判明に認識するなら、十全な認識作用を本
　　領とする我々自身のかの部分、すなわち我々自身のより良き部分はそれに全
　　く満足し、かつその満足を通そうと努めるだろう。なぜなら、我々は十全に
　　認識する限りにおいて、必然的なもの以外の何ものも欲求しえず、また一般
　　に、真なるもの以外の何ものにも満足しえないからである。それゆえ、我々
　　がこのことを正しく認識する限り、その限りにおいて、我々自身のより良き
　　部分のコナトゥスは全自然の秩序と一致する。(EIV, app. 32)

　このテクストの前半部分は、先に引用したセネカ『倫理書簡』第76書簡23
と内容的に対応している。ここで「義務officium」という言葉が出てくるが、
『エチカ』の他の箇所では、この語は、「身体の機能officium」という意味で用
いられている (EIV, prop. 60, dem., EIV, app. 27, EV, praef. 1) のに対し、ここでは、
この語がキケロによるギリシア語の「ふさわしい行為kathēkon」のラテン語
訳であることが意識されていると考えられる。キケロは、『善と悪の究極につ
いて』第3巻第5章において『哲学者列伝』第7巻85のオイケイオーシス論を
展開し、第6章では、「親近なもの」から、「ふさわしい行為をともなう選択
（諸行為の秩序と調和の理性的認識）」、「最高善としての自然との一致」の議論を
展開する。『エチカ』第4部付録第32項の「義務」や「より良き部分のコナト

ゥスと全自然の秩序との一致」という用語は、キケロのテクストを想起させる
ものであり、このキケロの議論との対応にも、スピノザのオイケイオーシス論
への接近を確認できる。

　なぜここでストア派を想起させるような記述が見られるかということに関し、
マトゥロンは、「最終的には反駁するために、ストア的な理解を確認してい
る」(Matheron 2011, p. 655) と考える。

　『エチカ』第4部付録第32項では、もし理性の要求が挫折したとしても、「全
自然の一部である」ことを明晰判明に認識するなら、我々は満足すると言われ
ているが、この議論に対しマトゥロンは、この挫折が、普遍的必然性からの帰
結であるがゆえの満足か、それともそうであるということを認識した満足かを
問題にし、ストア派は前者のように答えるのに対し、スピノザの答えは後者だ
と考える (ibid., p. 657)。

　ストア派にとって、自然全体の秩序は望むべきものであることが前提されて
いる。この望むべき秩序は、部分の抵抗なしに、一挙に実現される (ibid.,
p. 660)。スピノザの場合、事物の秩序と連結は、原因の結果と連鎖以上のなに
ものでもない。「ストア派の自己保存のコナトゥスは、……個体を宇宙的秩序
において、貢献すべき役割をもつものとして調和するように統合する。しかし
このような統合は、スピノザには意味がないだろう。……要するに、ストア派
には愛すべき摂理があるが、スピノザにはないのである」(ibid.)。スピノザが
問題にする満足へと我々が至るのは、普遍的必然性が喜ばしいものであるから
ではなく、理解しているという事実そのものからである。「我々自身の最良の
部分のコナトゥスと自然全体の秩序との一致に関して、その意味は次のように
なる。我々は理解する限りで、我々はより一層理解するように、すなわち我々
が既に理解していることから帰結を演繹しようと努める」(ibid., p. 661)。

　マトゥロンは、ストア派とスピノザ哲学において自然との一致がもたらす満
足の質が異なることを示した上で、第4部末尾においてストア派がもち出され
た理由を、次のように考える。問題は、第二種認識のみの導きのもとで生きる
者が、望む権利があるような類の幸福の限界を定義することである。この限界、
すなわち理性の要求の部分的挫折に対しストア的に答えることは、第二種認識
の次元にいる者にとっては、慰めであるとともに、虚しく不十分な答えでもあ

る。スピノザは、この虚しく不十分な答えを示すことによって、第三種認識か
ら実在に近づこうとする欲望を読者にインスパイアした (ibid., p. 663)。それゆ
え、第4部最後のストア哲学の示唆は、第5部冒頭のストア哲学批判に繋がる。

3-2『短論文』における「神に対する愛」と「神の愛」

　さて、『短論文』では、マトゥロンが『エチカ』第4部解釈において虚しく
不十分な答えとみなしたストア的な理解が、第三種認識——『短論文』の表現
では、「事物それ自身を感じ享受する」ことから生ずる明晰な認識であり、そ
こから真にして心からの愛が生じる (KVII 2. 2-3) ——のレベルで肯定されてい
るように思われる。

　典型的なテクストを二つ挙げる。まずは『短論文』第2部第18章の「神に対
する愛」に関する記述である。

> 人間は全自然の一部であって、それに依存し、それに支配され、自分自身か
> らは自分の救いと幸福のために何かをなしえない。……この認識によって、
> 我々は一切を神に帰し、神は最優秀者、最完全者であるがゆえに神のみを愛
> し、かくて我々自身を神に捧げるようになる。なぜなら、神への真の務め、
> 我々の永遠の救いと至福は本来ここにあるからである。というのも一人の奴
> 隷、一個の道具の唯一の完全性と終極の目的は、彼らが自分に課せられた務
> めをふさわしくまっとうすることだからである。(KVII. 18. 1, 8-9)

　ここで「神に対する愛」は、神が「最優秀者、最完全者である」ことに起因
すると言われている。これは、先にマトゥロンの解釈で見たストア派の考え方、
すなわち「愛すべき」ものであるがゆえの満足と同じである。『短論文』第2
部第5章では、「愛とはあるものを享受しかつこれと合一すること」(KVII. 5. 1)
と言われ、享受し合一しようと努める対象の性質によって愛が分類されるが、
対象の性質に依存した愛の分類は、『短論文』に特徴的である。また、「一人の
奴隷、一個の道具の唯一の完全性と終局の目的は、彼らが自分に課せられた努
めをふさわしくまっとうすること」という表現は、内容的にストア派の「ふさ
わしい行為」に相当する。

　以上は「神に対する愛」の議論であるが、『短論文』第2部第24章「人間に対する神の愛について」においては、次のような記述が見られる。

　例えば蜜蜂は、労働と相互の間に保っている巧みな秩序をもって、冬に備え一定の食料を蓄えること以外の何ら他の目的を抱いていない。しかし彼らの上に立つ人間は、彼らを飼育する時に、全く別の目的、即ち自らのために蜜を得る目的をもつ。人間もまた、一つの個物である限り、その定まった本質が達し得る以上の目的を有しない。しかし人間が全自然の一部であり道具である限り、人間のこの目的は自然の最終目的ではありえない。なぜなら自然は無限であり、人間を他のすべての間で自己の道具として用いるはずだからである。(KVII. 24. 6)

　ここでは人間は、蜜蜂同様に自然の一部として、自然の究極目的のための道具と位置づけられている。この議論は、セネカ『倫理書簡』第121書簡——この書簡においてオイケイオーシス論が展開されていることを先に確認した——と対応している。

　君は見ないかね、何という精密さで蜜蜂は巣を作ることか、何と皆が一致協力して労働を分担して果たすことか。見ないかね、人間には誰も真似できないほどの、あの蜘蛛の巣の織り模様を。何という大仕事か。糸を配分して、あるものは支柱として一直線に通し、あるものは密から疎へと同心円状にはりめぐらすことは。こうして、そこに小さな虫たちが巣の張られた目的どおりに身を滅ぼすべくやってきて、いわば網に絡みこまれてとらわれるのだ、そうした技術は生まれつきのもので、学んだものではない。だからどんな動物も技術に優劣はない。見たまえ、蜘蛛の巣の出来栄えはどれも皆、同じだし、蜂の巣の六角形の穴はすべて同じだ。およそ技術によって伝授されるものは不確かで不揃いだ。自然が配分するものは均質だ。自然は自分自身の防御とそのための技能の他は何も伝授しなかった。(セネカ『倫理書簡』第121書簡21-23)

　この二つのテクストは、蜂や蜘蛛が作る「巧みな秩序」に注目し、この秩序を生み出す個々の活動がより大きな目的のために機能する限りで、それは自然の秩序に適う行為であり、普遍的摂理の顕現とみなされる。『短論文』では何度も道具という言葉が使用されるが、『エチカ』において、全体に対する部分を、目的のための道具とする考え方は見られない（この点は『エチカ』と『短論文』の決定的な違いである）。しかし、蜜蜂が巣を作り、蜘蛛が巣を張りめぐらす、こうした行動との連続性の中で、人間の活動、個別的摂理を理解し、それを全自然の活動の一つの顕現であるとする考え方は、『エチカ』第3部においてスピノザが批判する「帝国の中の帝国」——人間の振る舞いや人間精神を自然の中の特権的領域とみなす考え方——とは対照的である。少なくとも初期の『短論文』においては、「帝国の中の帝国」と相対するような考え方が、ストア的な「ふさわしい行為」と連続的に理解可能なものして構想されていたということは言えるだろう。

おわりに

　以上、1/『神学政治論』の摂理に関する記述、『短論文』の愛の記述における、セネカの倫理書簡との対応、2/神の配慮と自然全体及び個物の自己保存、個物と自己の本性の一致という観点における、『短論文』の摂理概念とストア派のオイケイオーシス論の重なり、3/『エチカ』第4部と、オイケイオーシス論及び「ふさわしい行為」に関するキケロのテクストとの対応、4/ストア的な「ふさわしい行為」とそれに伴う満足が、『短論文』における「神に対する愛」と「神の愛」の根幹にあることを本稿は示した。『短論文』において個物は、全体に対する部分として、全体に対し、自らに固有の務めをまっとうするものとして理解されている。『短論文』においては、個物に対する全体という概念が、神の摂理として、当然愛すべきものとして輪郭がくっきりと描かれている。『短論文』の幸福はなすべきことをなすことから得られる満足である。しかし『エチカ』への思想発展において、この全体の輪郭が薄くなり、部分同士の関係性の中で、個物の本質は理解されようになる。こうした個物の本質に関する考え方の変化、全体と部分の関係に関する考え方の変化が、『エチカ』

における摂理概念の否定、ストア派に対するスピノザの立ち位置の変化に関わっていると考えられるが、この問題に関しては稿を改め、『短論文』と『エチカ』の第三種認識を詳細に突き合わせて検討したい。

●注

1) 『歴史批評辞典』（Bayle1820, p. 423）において、スピノザと神的摂理を認めるストア派の違いを示すための典拠にされるセネカ『自然研究』第2巻45章に、逆説的にも、『短論文』の摂理概念との対応を見いだすことができる。『自然研究』第2巻45章では、「原因の原因」である限りで「運命」と呼ばれ、「摂理」、「自然」、「宇宙」とも呼びうる神について述べられる。続く46章では「神の計画による配置」が問題にされる。この『自然研究』の議論展開は、『短論文』における、「すべての原因」、「摂理」「神の予定」という神に特有の三つの属性の議論の展開と形式的にある程度対応していることが確認できる。

2) 『短論文』の摂理概念に関しては、カルヴァン派の伝統を見る解釈（Curley, pp. 84-85）もある。

3) スピノザの蔵書目録にディオゲネス・ラエルティオスのテクストを確認することはできないが、セネカの『倫理書簡』――リプシウス、グロノヴィウス編（1649）とフラゼマケル（スピノザの友人であり遺稿集の編者でもある）による蘭訳（1654, 1671）――を所有していたことは確認できる（Aler1965, p. 30）。

4) スピノザの蔵書目録において、グロティウスに関する著作は、『キリストの贖罪に関するカトリックの信仰の擁護』、『宗教的事柄に関する主権者の権力について』、『ネーデルラント万機年代記』など5点ほどあるが、『戦争と平和の法』は記録されていない（Aler1965, p. 23, 49）。

●凡　例

スピノザの著作からの引用はSpinoza, *Œuvres I* [2009], *III* [1999], *IV* [2020], PUFにより、略記法も従う。翻訳は以下を参照し、部分的に改変した。畠中尚志訳1944『神学政治論（上・下）』, 1951『エチカ（上・下）』, 1955『神・人間及び人間の幸福に関する短論文』岩波文庫。佐藤一郎訳2007『スピノザ　エチカ抄』, 2018『スピノザ知性改善論　神、人間とそのさいわいについての短論文』みすず書房。吉田量彦訳2014『神学政治論』光文社古典新訳文庫。Curley, Edwin, ed. and trans. 1985, *The Collected Works of Spinoza*, Princeton.

ストア派関連の著作に関しては、以下の翻訳及び神崎2005の訳に依拠して引用し、部分的に、スピノザとの用語の対応を考えて改変した。土屋睦廣訳2005「自然研究I」『セネカ哲学全集3 自然論集I』岩波書店。大芝芳弘・高橋宏幸訳2006『セネカ哲学全集5・6　倫理学書簡集I, II』岩波書店。ディオゲネス・ラエルティオス, 加来彰俊訳1989『ギリシア哲学者列伝（中）』岩波文庫。永田康昭・兼利琢也・岩崎務訳2000『キケロー選集10 善と悪の究極について』岩波書店。

グロティウスの引用は、以下を参照した。Molhuysen, P. C., ed. 1919, *De Iure Belli Ac Pacis*, A. W. Sijthoff（Lawbook Exchange edition 2005）, 一又正雄訳1949『戦争と平和の法 第一巻』酒井書店）。

ベールの引用は以下を参照した。*Dictionnaire historique et critique de Pierre Bayle*, Nouvelle édition, Tome XIII, 1820, Desoer（Elibron Classics, 2006）, 野沢協訳1987『ピエール・ベール著作集　第5巻　歴史批評辞典III P-Z』法政大学出版局。

ライプニッツの引用は、Gerhardt版に拠り、Gの後に巻と頁を示す。

引用文中の省略は筆者による。

Aler, J. M. M., ed. 1965, *Catalogus van de bibliotheek der Vereniging 'het Spinozahuis' te Rijnsburg*, E. J. Brill.

神崎繁 2005「生存の技法としての「自己感知」(上)――ストア派における「自己保存」と「自己意識」の同根性をめぐって」『思想』(971) 岩波書店, pp. 6-25.

近藤智彦 2009「自由意志と目的論の帰趨――ストア派とスピノザ――」『スピノザーナ』第10号, pp. 55-79.

Lloyd, Genevieve 2008, *Providence Lost*, MA: Harvard University Press.

Long, Anthony A. 1986, *Hellenistic Philosophy: Stoics, Epicureans, Sceptics*, 2nd edn., University of California Press.（金山弥平訳, 2003『ヘレニズム哲学――ストア派、エピクロス派、懐疑派』京都大学出版会）.

――, 2003, 'Stoicism in the Philosophical Tradition: Spinoza, Lipsius, Butler', Brad Inwood ed., *The Cambridge Companion to The Stoics*, Cambridge University Press., pp. 365-392（金澤修訳, 2005「哲学的伝統におけるストア主義――スピノザ、リプシウス、バトラー」『思想』(971) 岩波書店, pp. 45-78）.

Matheron, Alexandre 2011, « Le moment stoïcien de l'Éthique de Spinoza », *Études sur Spinoza et les philosophies de l'âge classique*, ENS Éditions, pp. 651-663.

Miller, Jon 2015, *Spinoza and the Stoics*, Cambridge University Press.

三井吉俊 1980「ベールとスピノザ――『歴史批評辞典』の「スピノザ」の項について――」『人文学報』(139), 東京都立大学人文学部, pp. 95-114。

Wolfson, Harry Austin 1934, *The Philosophy of Spinoza*, 2vols, MA: Harvard University Press.

Providence and Love in Spinoza's *Short Treatise*: Young Spinoza and Stoic Ethics

FUJII Chikayo

As the criticism of the Stoics in the Preface to Part V of the *Ethics* shows, it is obvious that Spinoza ultimately moved away from the Stoics. Although the similarity between Spinoza's overall philosophical methodology, and that of the Stoics, has been often indicated, it remains ambiguous. What is the Stoics' actual, confirmed influence in the works of Spinoza? And which text of the Stoics is it derived from? In this article, by analyzing the concepts of providence and love in the *Short Treatise*, we aim to elucidate these two points and describe the Stoics' influence on Spinoza's own thought. We address the following:

1) Providence in the *Short Treatise* and Stoicism

The concept of providence in the *Short Treatise* is considered a root of conatus in the *Ethics*, which is the most important term in Spinoza's philosophy. By comparing the *Theological-Political Treatise* with the texts of Seneca, we examine if the concept of providence is influenced by the Stoics, and note that this concept in the *Short Treatise* deploys reflection on the knowledge of particular things and their essence.

2) Access to Stoicism

The comparison of Spinoza's concept of providence with the Stoic idea of *oikeiosis* will show us the remarkable affinity between them, and the acceptance of this Stoic concept in the 17th century.

3) Away from Stoicism

Spinoza suggests the limit of Stoic ethics at the end of Part IV of the *Ethics*. We can find a turning point in his thought between the *Short Treatise* and the *Ethics*. In the *Short Treatise*, the concept of love was based on Stoic ethics, which would later be implicitly accused in the *Ethics*.

From these analyses, we will conclude that the *Short Treatise* retains dark traces of the influence of the Stoics.

〈公募論文〉

スピノザにおける誤謬はいかなる認識の欠如か？
——過剰肯定としての誤謬

木島　泰三

1. 問題提起——誤謬は部分的無知か？

　本稿の考察の中心に据えるのは、『エチカ』 第2部に登場する 「虚偽 (falsitas)」 についての定理である。

　虚偽とは非十全な (inadaequatae)、 ないし毀損され (mutilatae)、 また混乱した (confusae) 諸観念が含む認識の欠如 (cognitionis privatione) から構成されている。
　証明　諸観念の内には、虚偽の形相を構成する積極的なものは何も与えられていない (2P33による)。しかるに虚偽とは絶対的欠如から構成されているわけではないし (というのも精神が誤り (errare)、 欺かれる (falli) と言われるのであり、 身体が誤ったり欺かれたりするとは言われないのであるから)、 絶対的な無知から構成されているわけでもない。というのも、 無知であることと誤ることは異なったことであるから。ゆえにそれは諸事物の非十全な認識、 すなわち非十全で混乱した諸観念が包含する認識の欠如から構成されている。 Q. E. D. （E2P35; 2P35Dem）

証明中の言い換えからして、「虚偽」 とは 「誤謬 (erratio)」 すなわち偽なる判断 (ないし信念) と同義だが、 従来、 この定理においてスピノザは 「絶対的無知」 に対する 「部分的無知」 として誤謬を定義していると解され、そこに単なる無知と、 それよりも複雑な事態であるはずの誤謬との混同が指摘されてきた

(e. g. Bennett, 1984, Ch. 7, sec. 40:2)。しかるに、このテキストのより適切な読み直しにより、スピノザが誤謬と無知との適切な区別をなしえていたことを示しうる、というのが本稿の主張である。

2. 人間精神における十全な観念と非十全な観念

　上のE2P35が示唆するように、スピノザは「虚偽」と「非十全な観念」とを同一視する。非十全な観念がいかなる観念であるかについては、以下のような規定がある。

　　ここ〔E2P11本文とその証明〕から帰結するのは、人間精神は神の無限知性の一部だということである。また従って、我々が、人間精神がこれまたはあれを知覚する、と言うとき、我々は、無限である限りの神ではなく、むしろ人間精神の本性を通じて説明される限りの神、あるいは、人間精神の本性を構成する限りの神が、このあるいはあの観念をもつ、と言っているのであり、また、我々が、単に人間本性を構成する限りのではなく、むしろそれと同時に、人間精神と共に他の事物の観念をもまたもつ限りの神がこれまたはあの観念をもつ、と言うとき、我々は人間精神が事物を部分的に、あるいは非十全に知覚する、と言っているのである。(E2P11C)

これによれば、「十全/非十全」という区別は、ある領域へのある観念の包含関係に関わる区別である。神的無限知性にはすべての観念が十全に含まれるが、その中の有限な一区画である人間精神に関して言えば、その内に十全に含まれる観念もあれば、部分的に、あるいは非十全にしか含まれない観念もある、ということである。

　だが、観念がある領域内に含まれるとは、どのようなあり方を指すのか。以下の一節を見よう。

　　……人間身体の観念をもち、あるいは人間身体を認識するのは、他の多くの諸観念に変状した限りの神であって、人間精神を構成する限りの神ではない。

　　すなわち（2P11により）、人間精神は人間身体を認識しない。しかし、身体変
　　状の観念は人間精神の本性を構成する限りの神の内にあり、あるいは、人間
　　精神はその同じ諸変状を知覚する（2P12による）。（E2P19Dem）

　この叙述に従えば、人間精神は身体の観念として存在しているのであって
（E2P13）、自己自身である身体の観念のそれ自身丸ごとを十全に内に含むこと
は不可能である。同様に人間精神は精神自身の反省的観念を丸ごと十全に内に
含むことも（E2P20-21）、外的諸物体の観念を丸ごと十全に内に含むこともでき
ない（E2P25）。人間精神がそれをなしうるためには、人間精神と合一している
人間身体それ自体が、無限知性または「他の多くの諸事物」と同外延にまで肥
大することが必要であるが、それは端的な不可能事である。
　また、人間身体の構成諸物体は空間的には人間身体の内に含まれているが、
人間精神はそれらの観念を十全に内に含むとも言えない。人間身体の構成に関
わっているのはそれら諸物体のある側面、ないしある変状のみであって、他の
諸側面は複合物体としての人間身体の「形相」の外部にあるからである
（E2P24[1]）。
　一方、身体的諸状態や身体的諸行為のような身体変状は、空間的に身体内部
に位置するのみならず、身体がそれらを帯び、それらを内属させている、とい
う意味において身体の内に含まれる。それゆえ身体変状を対象とする観念、す
なわち身体変状の観念は、十全な観念でありうることになる。そして実際、こ
の後見ていくように、スピノザの体系において人間精神がもちうる十全な観念
はすべて、何らかの身体変状の観念として、あるいは、身体変状の観念を通じ
て、与えられると考えられる。
　しかしながら、すべての身体変状の観念が直ちに、無条件に十全な観念であ
るわけではなく、むしろ身体変状の観念の多くは非十全な観念であると言われ
る（e. g. E2P29）。それゆえ、身体変状の観念として与えられる、あるいは、そ
れを通じて与えられる観念が、どのような場合に十全な観念と言われ、どのよ
うな場合に非十全な観念と言われるかを考察する必要がある。
　身体変状の観念を通じて十全な観念が与えられる条件のいくつかは、それほ
ど困難なく『エチカ』から引き出すことができる。すなわちまず、およそすべ

ての観念は「神の本質の観念」を含んでおり（E2P45）、その観念は十全でしか
ありえず（E2P46）、従って身体変状の観念もまた神の本質の十全な観念を含む
（cf. E2P47）。他に、様々な「共通概念」もまた身体変状の観念に含まれ（E2P-
39Dem）、それを通じて与えられる十全な観念である（E2P37-9）。つまり人間精
神は身体変状の観念を通じて、万物の内に（従ってその一部である身体変状の内
に）常に十全に含まれる、神の本質、および、例えば運動と静止のような普遍
的な共通概念に該当する共有特質を、常に十全に認識している、ということに
なる。

　ところで、神の本質、および共通概念に対応する共有特質以外に、一見して
十全な認識しか与えないはずの観念対象がある。それは各々の身体変状の観念
の直接の対象としての、**当の身体変状そのもの**である。それは人間身体に内属
する変状であり、それゆえその観念は身体の観念である人間精神に十全に包含
されているとしか言えない。我々は先に身体変状の観念は十全な観念「であ
りうる」と述べたが、実のところ身体変状の観念が与える身体変状の認識は、
十全な認識、あるいは真なる認識「でしかありえない」と言うべきではないだ
ろうか？　これはE2P11Cで説明される十全性概念を踏まえる限り、避け難い
帰結であるように思われる。しかし前述のように、身体変状の観念の多くは非
十全な観念だと言われるのだから、これは1つの問題である。[2]

　この問題に対し、我々は一方で上で述べた帰結を受け容れるべきだと主張す
る。というのも、身体変状の観念は常に身体変状の十全な認識を与える、と言
いうる1つの意味があるからである。つまり人間精神が身体変状の観念を内に
含む限り、その観念はそれに対応する何らかの身体変状の生起や持続を告げて
いるが、その認識は不可疑的に真でしかありえない、と考えることができる。
つまりそれは、ある心的変状（とそれに対応する身体変状）が生起している、とい
う取り消し難い事実を、それ自身の存在によって告げているという意味で、不
可疑の真理を肯定していると見なされうる（cf. E2P17Sにおける2P13Cへの参照）。

　この認識の「不可疑性」は、一面でデカルトのコギトの不可疑性に匹敵する
真理性を主張しうる。しかしそれはまた、極めて内容に乏しい認識でもある。
というのも、それが不可疑的ないし十全に肯定するのは、**何らかの身体変状の
現実存在のみ**であり、それが**いかなる**身体変状であるかについては「まさにこ

のような心的状態に対応する身体状態が生じている」といった漠然とした内容しか肯定しないからである。つまりその肯定が告げる「このようである」ないしは「このように感じ取られる」という「認識」はたしかに、いわばミニマムな真理であるが、しかしその認識に「このような」という指し示しを超えたさらなる分節化を与えることをその認識は許さない。[3] ここで我々は身体変状およびその観念を他から切断してそれ自身のみにおいて考察しているのであり、その限りその認識は「前提を欠く結論の如きもの」(E2P28Dem) に留まる。

　これが示唆するのは、「身体変状それ自身にとどまる認識」というミニマムな十全な認識を超えた対象に関連付けられた身体変状の観念は、そのミニマムな認識を超えたより豊かな認識を、十全に、あるいは非十全に、与えるものとなるだろう、ということである。

　以上の考察により、人間精神における十全な観念と非十全な観念についての、おおまかな整理が可能となる。すなわちまず人間精神は、(1)神的無限知性のように、人間身体やその他の諸個物の観念をまるごと十全に内に含むことはできない。ゆえに個物全体の十全な観念は、人間精神には決して与えられない。他方、(2)神の本質の観念、各種の共通概念、そして他から切り離して考察された「身体変状それ自体の観念」は、人間精神において十全な観念でしかありえない。しかるに、(3)身体変状の観念が含む「このような感じ」という肯定のみに留まり続けるのではなく、その肯定をより広い対象と関連付けるとき、そこには人間精神において十全でも非十全でもありうる認識の余地が開かれる。それゆえまた、そこには非十全な認識を改訂して十全な認識に変えていくという「知性改善」の営みの余地が開かれるのであり、それこそが、スピノザの観念の理論における、人間精神の実践的な認識活動に関わる実質的な領域であることになる。

3. 決定論的行為者因果説に基づく身体変状の観念の「ニツイテ性」の考察

　前節では「身体変状の観念が含む肯定を、より広い対象との関連で考察する」の具体的内実には立ち入らなかった。この点を明確にするには、身体変状の観念が身体そのもの〈についての〉観念であり、なおかつ、その原因となっ

た外的個物〈についての〉観念であるという、身体変状の観念の〈ニツイテ性（aboutness）〉の解明が必要である。これについては別稿で詳しく論じたが（木島2020年）、以下でも本稿に必要な限りで主要な結論とそのための論証の重要なポイントを提示する。

　筆者の基本的な枠組みは、スピノザにおける因果性を**決定論的行為者因果**として位置づけるという構想を基礎にしている（木島2021年、第1章）。この枠組は、有限者における因果関係は、(1)変状の主体であり、それを産出し維持する内在的原因である個物と、(2)その個物をその変状の産出や維持へと決定する他動的原因である他の個物とが、(3)結果として(1)に内属する変状を協働的に産出する、という三項図式を基本とする。さらに我々は、(3)と(1)の間に内在的因果を基礎とする**内属**と呼ばれる概念的依存関係ないし帰属関係が成り立つのと平行的に、(3)と(2)の間には他動的因果を基礎とする**外属**と呼びうる概念的依存関係ないし帰属関係が成り立つ、という整理を行ってきた（木島2021年、第3章）。

　このような概念化は、下記の重要な公理によって強く支持される。

　結果の認識は原因の認識に依存し、かつそれを包含する。（E1Ax4）

この公理は、スピノザが原因の観念と結果の観念の間に固有の密接な関係を見いだしていることを明らかに示しており、この公理と内在的因果との結びつきもしばしば指摘される以上[4]、それをどんな名で呼ぶにしろ、内在的因果に対する内属関係と対応する、他動的因果に基礎を置く概念的関係をそれとして特定することは適切であり解釈上有意味である。

　次に明確にすべきは、スピノザが「観念である限りの観念」には「肯定（または否定）」が本質的に属する、と考えていたことの（e. g. E2P49, 2P49Dem）、その内実である。この「肯定（affirmatio）」の人間精神への与えられ方については、以下のようにかなり明確な定式を見いだすことができる（参照のためにローマ数字を付す）。

　(i)　……この三角形の観念は、3つの角が二直角に等しくあるということと

　　　同じ肯定を包含しているのでなければならない。(E2P49Dem)

(ii)　……有翼の馬を知覚するとは、馬について翼を肯定するということでなければ何だというのか？(E2P49S)

(iii)　我々が、我々または我々の愛するものについて肯定しようと努めるものはすべて、我々または我々が愛するものを喜びに変状すると我々が想像するものである……。(E3P25)

　この内の(ii)と(iii)には〈主語項Aについて述語項Bを肯定する (affirmare B de A)〉という表現が明示的に見いだされ、(i)も同じ形式で理解できる。ここで主語項は主体、述語項は変状（行為または状態）または特質を指し示しており、後者を前者へ帰属させる判断にaffirmare . . . de . . .という表現が与えられる。上の例で言えば、〈三角形について、「内角の和が二直角である」を肯定する〉、〈馬について、有翼であることを肯定する〉、〈我々ないし我々の愛するものについて、過大な美点を肯定する〉ということになる。この帰属関係はすなわち変状や特質の主体への内属関係であり、それゆえこれらの叙述において「肯定する」は、変状や特質を、ある主体に内属するものとして判断する、という心的行為を指している。このような構造は、語られないとしても常に想定されていると考えるべきであり、従って、人間精神に与えられている観念に本質的に属する「肯定」には、常に〈～についての (de)〉という項を補って理解することが許される、と考えられる。

　ここに我々は、「身体変状の観念が含む肯定を、より広い対象との関連で考察する」ことの具体的内実を手にした。つまりそれは身体変状の観念が含む肯定を、身体変状を超えた、それが帰属する対象についての肯定として考察することを意味する。

　さらに我々はここで「結果の認識は原因の認識を……包含する」という1Ax4の内実の明確な理解をうる。つまり我々の考察に照らせば「結果の認識による原因の認識の包含」とは、身体変状の観念が、その身体変状の内在的原因である人間身体と、その変状の他動的原因である外的個物についてその観念の対象である変状や特質を肯定する、つまりはその原因である個物に、結果である変状や特質を帰属させ、あるいは述語づける (praedicare, e. g. 3P55C2Dem)

心的行為を含み込んだ観念ないし認識である、という意味に理解できる。これがE2P16C1において「人間精神が人間身体の本性と共に多くの物体の本性をも知覚する」ことを基礎づけるのである。

　ここから見直せば、先ほど取り上げた「身体変状を他から切り離し、それ自身のみにおいて考察する」という態度は、身体変状の観念が含む肯定を、それ自体で切り離して考察された身体変状のみについて肯定するものとして捉える態度であり、ここで身体変状はそれ自体が主体として、ないしは個物のようなものとして捉えられている[7]。一方、上の考察において、身体変状はそれが帰属すべき何らかの主体としての個物を前提し、その個物について肯定されるものとして、つまりは、まさに**主体の変状**として理解されている[8]。

　この肯定は観念である限りの身体変状の観念に含まれていると同時に、その観念の内在的原因たる人間精神によってなされる心的行為でもあるが、それに加えて、その肯定はこの変状が外属する他動的原因によってなされたものである、とも言いうる。我々はこの点で『短論文』の次の思想が『エチカ』にも部分的に引き継がれていると考える。

　……我々が事物についてあることを肯定ないし否定する者なのでは決してなく，むしろ事物自身が我々の内で自身についてあることを肯定ないし否定する者であるのだ。(KV II 16, GI p. 83, ll. 13-7)

つまり身体変状の観念に含まれる肯定には、その変状が外属する他動的原因が、己自身についてその変状を肯定している、という側面がある。『エチカ』においてこれはあくまで半面の真理であり、観念の肯定における内在的原因としての精神自身の因果的寄与も認められるが、『エチカ』においても、変状の観念の肯定に対する他動的原因からの因果的寄与を否定するものは何もなく、むしろ体系の整合性はそれを要求するだろう[9]。これは、「観念に含まれる肯定」とは、諸事物が内在的／他動的原因として自己に内属／外属する変状を産出ないし維持する、行為者因果的な力＝コナトゥスの行使の別の面であろう、という見通しを開き、これまでの考察のより深い基礎を示唆するものである（木島2020年）。

4. 混乱＝混交としての観念の非十全性

　我々の三項的因果図式によると、身体変状は、内在的原因と他動的原因とい
う二様の原因に同時に依存している。木島2021年第1章他で論じたように、こ
の点は前掲E1Ax4を基礎にした以下の一節において明示されている。

> ……何らかの物体が変状される全ての様式〔様態〕は、変状される身体から
> と同時に変状する物体の本性からも生じる（2Ax1″による）。それゆえそれら
> の観念は、（1Ax4により）人間身体と外的物体双方の本性を必然的に包含して
> いるのでなければならない。従ってまた身体が外的物体によって変状される
> 各々の様式〔様態〕の観念は、人間身体の本性と共に外的物体の本性をも含
> んでいるのでなければならない。（E2P16Dem）

この構造は、前節で見たように人間精神が外的諸物体についての認識をうる根
拠であるだけでなく（E2P16C1）、人間精神の抱く観念が第一に「混乱した観
念」（E2P35）として与えられることの根拠でもある（E2P16C2）。
　ここで言われる「混乱した観念」の意味について、これまでの考察も踏まえ
ながら検討してみよう。まず、身体変状に含まれる内在的原因由来の成分、つ
まりその本性と、他動的原因由来の成分、つまりその本性は、別々のものとし
て分かたれているわけではなく、単一の力を「力の平行四辺形」を作図し抽象
的に2つの成分に分離することができるような意味においてしか切り分けるこ
とができない仕方で混交している、と考えられる（木島2021年、第3章、第11章）。
そしてそれゆえに、それと平行する身体変状の観念は、デラ・ロッカが指摘す
るように（Della Rocca 1996, ch. 3）、内在的原因の本性と他動的原因の本性を同
時に混乱して肯定する。すでに提起した〈内属／外属〉という概念的依存関係
に着目して言い換えれば、これは1つの身体変状がその変状の内在的原因であ
る個物に内属すると同時にその変状の他動的原因である個物に外属する、とい
うことであり、それゆえその変状の観念は、その変状を内在的原因〈につい
て〉肯定すると同時に、他動的原因〈について〉も肯定する、ということであ
る。つまり我々の精神は、人間身体と外的物体両者の本性を渾然一体に含む身

体変状を、人間身体と外的物体の双方について同時に肯定するのであり、従っ
てそこで精神あるいはその観念は、その内在的原因である人間身体と他動的原
因である外的物体の**双方について、各々に本来は属さない要素を肯定する**。つ
まりその観念は外的物体について、本来肯定すべきもの以外に人間身体の本性
を肯定すると同時に、人間身体について、本来肯定すべきもの以外に外的物体
の本性を肯定する[10]。

　このような「混乱」を端的に述べている規定が、先にも言及した次の系であ
った。

　　我々がもつ外的諸物体の諸観念は、外的諸物体の本性よりも我々自身の身体
　　の構成 [constitutionem] をより多く示す [indicat]、ということである。私はこ
　　のことについて第1部付録で多くの例を挙げて説明した。(E2P16C2)

ここでスピノザが参照を求めるE1Appの該当箇所と思われる部分では、対象
の本性を形容する概念としての「善／悪、秩序／混乱、暖／寒、美／醜、芳香
／悪臭、硬／軟、粗／密、騒音／和声」などが挙げられている（E1App, GII,
pp. 81-2）。この、価値判断を含意する述語と、俗に「第二性質」と呼ばれる感
覚的性質を指す述語が入り混じったリストは、スピノザ的認識主体がどのよう
な状況から出発せねばならないのかを物語る。すなわちスピノザ的人間精神は、
原初的な状態においては、自己の身体の本性と外的対象の本性が分かちがたく
混じり合った＝「混乱した」状態にある身体変状を、それを協働的に産出した
双方の原因について同時に肯定するのである[11]。

　加えて、人間身体の複雑な構成が可能にする「想像」(E2P17S) や「記憶」
(E2P18S) の能力は、これ以外のさらなる「混乱」をも導入する。つまり先に
引いた「馬についての翼の肯定」や「愛するものについての過大な美点の肯
定」のような、別々の個物の変状の誤帰属としての「混乱」もまた生じるとい
うことである[12]。

　このように人間精神は多大に「混乱」した変状の肯定から出発し、対象の真
理に徐々にアクセスしていかねばならない。その際に大きな力を発揮するのが、
E2P37-39で論じられる共通概念である。すなわち身体変状の内に、外的物体

の本性に由来すると共に、我々の身体にも予め含まれていた共有特質が含まれていた場合、その特質は、外的物体の本性のみによって説明されると同時に、我々自身の身体の本性のみによっても説明される。その限りで我々の身体と外的物体は共に、その共有特質に対する「十全な原因」であり（E3Def1）、その観念すなわち共通概念は、我々の身体とその外的物体についての真なる、ないし十全な肯定を与える[13]。とりわけE2P39で述べられている、共有範囲が限定された共通概念は、経験と共に数が増していくことが見込まれるものであり、それをより多く獲得していくことで、人間精神は自他の境界や諸物体の本性について、十全な、あるいは真なる認識を増やしていくことができると考えられる。

5.　E2P35の「認識の欠如」はある特定のタイプの認識の欠如である

　以上の考察は、冒頭で引いた「無知であることと誤ることは異なったことである」（E2P35Dem）という言葉に納得しうる内実を与える。無知とは純然たる知識ないし認識の欠如であるが、誤謬とは誤った判断、しかもその対象に与えられるべきでない肯定や否定を帰属させるという誤帰属、ないしはその対象に属さないはずの変状ないし特質の**過剰肯定**なのである[14]。これは、我々が日常的に理解している「虚偽」や「誤謬」の概念に沿った理解であり、スピノザが誤謬を無知と取り違えている（あるいは体系構成上同一視せざるをえなくなった）というベネット流の解釈を採用する必要はない、ということが分かる。

　たしかにスピノザはE2P35Demで虚偽ないし誤謬を「絶対的無知」と対比させるが、これは前者が「部分的無知」であることを必ずしも帰結しない。というのも、無知は部分的であろうが全面的であろうが、無知である限りは「絶対的」である、と考えうるからである。すなわち我々は何かを知らないとき、何を知らないかを知らないのみならず、知らないこと自体も知らない、という意味で「絶対的に無知」である。未知の対象について一切の知識を欠くことのみならず、既知の対象の一定の変状についての知識のみを欠くことをも「絶対的無知」と呼ぶことは十分に可能である。

　だが、E2P35の「虚偽とは非十全な、ないし毀損され、混乱した諸観念が含む認識の欠如から構成されている」という言葉はどうなるだろうか？　「認識

の欠如」とはすなわち「無知」に他ならないのではないか。しかしこう結論する前に、スピノザがまさにこの2P35の備考やその他重要な箇所で述べる虚偽ないし誤謬の実例を見よう（参照のためにアルファベットを付す）。

(a)　……精神の想像は、それ自身のみで見られる場合には、何らの誤謬も含んでいない。すなわち精神は想像することによって誤るのではない。むしろただ、自分に現前していると想像している諸事物の現実存在を除去する諸観念を欠くと考察される限りにおいてのみ誤るのである。……（E2P17S）

(b)　2P17Sで私は誤謬が認識の欠如から構成されているとはいかなる仕方〔理由〕によって（qua ratione）であるかを説明した。すなわち、人々は自分が自由であるという誤りに陥っているが、この意見は、人々が自分の行為は意識するが、自分が決定された諸原因には無知である、ということのみから生じるのである。ゆえにこの自由という観念は自己の諸行為の原因を何も認識していない、という観念である。人々が、人々の行為は意志に依存する、と言うとき、それはそれについての何の観念ももっていない、ただの言葉を言っているのであるから。（E2P35S）

(c)　人々が太陽を見るときに、太陽が我々から200フィート離れていると想像するという場合も、これと同様であり、その誤謬は太陽の想像から構成されているのではなく、むしろそのように想像している間、太陽の真の距離とこの想像の真の原因について我々が無知であることから構成されているのである。……（E2P35S）

(d)　誰かが判断を保留する、と言うとき、我々は、その人は、自分が事物を十全に知覚してはいないことが分かっている、と言っているのに他ならない……。……もし精神が有翼の馬以外の何ものをも知覚しないとしたら、それが自分に現前していると観想し、それの現実存在について何ら疑う原因をもたないだろうし、不同意を与える能力もなんらもたないであろう。つまり、有翼の馬の想像が、その馬の現実存在を除去するような他の観念と結合される、あるいは、精神が自分がもつ有翼の馬の観念が非十全であることを知覚するのでなければ、そうなるであろう。後者

　　の場合には、精神はその馬の現実存在を必然的に否定するか、あるいは
　　それについて必然的に疑うか、いずれかになるはずである。(E2P49S,
　　GII p. 134)

これらの事例には共通する形式が見いだされる。(a)では、不在の事物の想像に
おいて「その現実存在を排除する観念」の**欠如**が誤謬をもたらす。(c)では、
「太陽が約200フィート我々から離れている」という想像が誤謬となるのは、
「太陽の真の距離ならびに我々の想像の原因」に関する知識が**欠如**しているか
らだと言われる。(d)によれば、「有翼の馬の現実存在を排除する観念」または
「有翼の馬の観念は十全ではないという知覚」が**欠如**した精神は、有翼の馬の
現実存在を信じるという誤謬に陥る。(b)は一見、自由意志の誤謬を「原因の無
知」によって定義しているが、ここで言われるのも単純な無知ではなく、その
無知を「自由意志」なる混乱した観念で埋める思想である。そこには、原因の
無知をそれとして自覚させる認識が**欠如**している。いずれにしても「認識の欠
如」一般ではなく、〈非十全な観念の肯定を抑止する認識〉という、**ある特定
のタイプの認識の欠如**によって誤謬の成立を説明している。

　我々の解釈を踏まえ、混乱した＝非十全な観念から十全な観念への移行のた
めの条件は何か？　と問いかけるとき、これらの「認識の欠如」と「誤謬＝過
剰肯定」との結びつきは理解できるようになる。というのも、我々の精神が十
全な観念を得るために最低限必要なのは、混乱した観念が含む過剰肯定が、他
の観念によって抑制されることだからである。そのような観念ないし認識が欠
如している限り、我々は必然的に誤謬に陥るのだ。

　同じ考察は、一見過剰肯定を含まない『短論文』の以下の一節にも当てはまる。

(e)　……〔虚偽とは次のことから成り立っている。〕すなわち、**我々は対象に由来す
　　る何かを知覚することによって、その対象が（我々はそれについてわずかし
　　か知覚していない場合ですが）それを自らについて全体として肯定ないし否
　　定していると我々が想像する、ということである**。これは通常薄弱な精
　　神に起こることであり、そのような精神は対象の些細な作用によって様
　　態ないし観念を極めて安易に受容し、それ以外の肯定や否定をもたない

のである。（KV 2 Ch. 16 GI p. 84）

　この事例も単純な「部分的無知」（この概念が成り立つとして）以上の要素を含む。というのもこの「薄弱な精神」は、単に主体の部分に過ぎない観念を主体の「全体である」と肯定するという過剰肯定を行っており、その過剰肯定においてこそ誤っているのであり、またそのような肯定を抑止できない点にその「薄弱さ」はあるのである。

　同様の考察は、第2節で見た、我々の精神が身体それ自体や外的物体それ自体の十全な観念を獲得しえず、それらに関して部分的認識に甘んじざるをえない、という構造にも適用できる。我々の精神がそのような認識不能性を適切に認識している限り、その部分的認識は「虚偽」ではなく「十全な部分的認識」である。そのような認識不能性の自覚を欠如させるとき、我々は誤って身体の全体、外的物体の全体を知っているという過剰肯定を行うのだ。[15]

　スピノザの言う「虚偽」または「偽なる観念」は、誤謬ないし偽なる判断（または信念）を指すのであり、単なる「その表象内容が実在と一致しない思惟」ではない。それゆえ非十全で偽なる観念は、適切な矯正的観念によって肯定力を相殺された場合、非十全で偽であることをやめると見られうる。それは真なる複雑な観念の一部分となるのであって、その一部分を恣意的に切り出して実在との一致不一致を問うべきものではなく、むしろ「それ自身のみで見られる場合には、何らの誤謬も含んでいない」（E2P17S）ものとなるのである。

6.「認識の欠如」は「虚偽そのもの」ではないのではないか？

　スピノザが挙げる誤謬の実例に適用する限り、「誤謬」と「単なる無知」のこのような差異は明確に保持されると思われる。既にデラ・ロッカがこれに近い解釈をE2P35Sに対してかなり的確に当てはめていた（Della Rocca 1996, p. 112）。しかしながらデラ・ロッカはこの解釈をスピノザの誤謬論全体に無条件に当てはめることとしていない（ibid. pp. 113-7）。[16]同様の躊躇をおぼえるスピノザ読者は多いのではないかと思われる。

　重要な異論として考えられるのは、我々が示したような種類の「認識の欠

如」は、我々が虚偽ないし誤謬に陥る際の周縁的な必要条件の1つに過ぎず、虚偽とは何であるかを**定義**するもの、ないし虚偽の**本質**だとは言えないのではないか、という主張である。すなわち、「虚偽」が成り立つために、(1)実在と一致しない表象、(2)その表象に対する同意ないし肯定、(3)この(2)を阻止できるはずの、対立する肯定の欠如、という3つの要因はいずれも不可欠であろう。そして、この3つの内の(1)(2)を差し置いて、最も周縁的、付帯的で、しかも否定的で消極的な特徴である(3)によって虚偽を定義し、それを虚偽なるものの本質的特徴として定める、というのはいかにも奇妙ではないだろうか。

　この疑問に答えるためには、以下の定理を参照すべきである。

　　諸観念の内にあるいかなるものも、それのゆえに諸観念が虚偽であると言われるようなものではない。

　　証明　もしもこれを否定するならば、誤謬あるいは虚偽の形相を構成するような何らかの積極的な思惟様態を、もしそのようなものが生じうるとして、概念せよ。この思惟様態は神の内に在ることができない（2P32による）。しかしそれはまた神の外に在ることも概念されることもできない（1P15P1による）。また従って諸観念の内に……〔後略〕。Q. E. D.（E2P33, P33Dem）

「偽なる」とは「真理ではない」の意味であり、「非十全」は「十全でない」の意味であって、いずれも消極的に特徴づけられる性質である。そして、欠如態としてのみ定義されるような類に関するスピノザの態度は以下のように明確である。

　　ただ否定においてのみ一致するものども、あるいは、それらがもたないものにおいて一致するものども、というのは、実のところ事柄において何も一致していないのである。（E4P32S）

このような思想を背景としたとき、虚偽ないし誤謬が〈真ではない判断である〉という消極的性質のみを共有する雑多な群である限り、「欠如」による定

義こそ最も的確な定義であるとむしろ言いうる。さらに言えば、〈矯正的観念の欠如〉はこのような消極的な呼称が付与されるべき判断を成立させる最近原因を特定しており、これはスピノザの定義の理論によく適っている（TdIE96）。つまり(3)は因果的、発生的な観点からの規定であるという点で、3つの中で最も積極的で実質的な条件を指定していると見られうるのだ。

7. むすびに代えて──デカルトの誤謬論との比較

以上の考察の全体的な輪郭とその帰趨を、デカルトの誤謬論との比較から与えてみたい。

カーリーによれば、判断や信念を自由意志に従属させるデカルトは「信念の倫理」の支持者であり、判断は「観念である限りの観念が含む肯定」であり意志の支配下にはないというスピノザは「信念の倫理」の批判者である（Curley 1975）。だが我々が見てきたように、まさにその観念説からスピノザはデカルト同様の「疑わしい観念への判断保留」という、信念に対する実践的態度の肯定的評価を導く。この態度とその評価は、それとして見れば「信念の倫理」と呼んで差し支えないものではないだろうか。

無論、両者の間にはより根底的で深刻な相違点がある。スピノザは、認識規範のみならず、狭義の倫理においてすら自由意志にその居場所を与えず、観念が含む必然的な肯定作用にその代わりの役割を与える点で、デカルトのみならず通常の倫理や規範をめぐる思想から大きく隔たるのだ。例えば、誤謬を抑止するのはあくまでも精神が必然的な持続の中で獲得する十全な観念なのであって、時と場所を問わずに任意の介入を行う自由意志による「判断保留」ではない。この点で、我々が見てきた誤謬論は、自由意志なき倫理というスピノザの構想の基本構造を展望する適切な視座を与えうるだろう。

● 凡　例

テキストはゲブハルト版を用い、Gと略称し巻数をローマ数字で示す。著作の略称として以下を用いる：E-*Ethica*, KV-*Korte Verhandeling*, TdIE-*Tractatus de Intellectus Emendatione*。Eからの引用は以下の略号を用いる：Def-定義、Ax-公理、P-定理、

Dem-証明、C-系、S-備考、App-付録、L-補助定理。同一の部に同名の公理が複数登場する場合、2Ax1, 2Ax1′, 2Ax1″ のように登場順にダッシュを付して区別する。TdIEからの引用はブルーダー版に付された節番号を用いる。

●注

1) そもそも、我々が別の場で明らかにしたように、身体を構成する諸物体は身体の形相を変状として協働的に産出し維持し内属させている上位の主体なのである（木島2021年第3章）。
2) これはレドナーが提起した問題であり（Radner 1971）、後述のデラ・ロッカもこれが難点として残ることを容認する（Della Rocca 1996, p. 117）。
3) 存在論的な位置づけを別にすれば、このようなものとして考察された身体変状の観念は「意識の現象的な質」としての「クオリア」とよく似た仕方で捉えられている。しかしこのように他との関係を捨象して考察された観念が、極めて乏しい情報しか与えないことに注意すべきである。
4) Morrison 2015が典型だが、モリソンは1Ax4と我々が他動的因果と呼ぶ因果関係との結びつきを否定し、1Ax4を内在的因果とのみ結びつけるという点で我々の解釈と根本的に対立する。詳しい対照や批判は別途行いたいが、このアプローチにはスピノザにおける他動的因果や「水平的因果」の位置づけが宙に浮いてしまう、という難点を指摘できる。
5) 木島2021年第5章で考察したように、変状（affectio）は主体に内属する個別的な行為や状態を指し、特質（proprietas）は変状を抽象的に考察することで見いだされる無時間的、一般的対象を指す。
6) そして究極的には「神的実体について」ということになる。この後の注8も参照。
7) 木島2021年の第3章で導入した用語を用いれば、ここでそれは「準・個物」として考察されている、と言えよう。
8) 言うまでもなくこの歩みはここでは終わらない。スピノザによれば個物とは、神的実体に帰属する様態つまり「実体の諸変状」（EDer3）と見なされるべき存在者だからである（E1P25S; cf. 木島2021年、第3章）。
9) 『短論文』との連続性と不連続性に関するより詳しい考察は木島2020年参照。
10) 肯定される本性が、それが帰されるものの本性に反し、それを破壊するものである場合、それはむしろ「否定」と呼ばれよう。このように、スピノザにおける「否定」はある一定の「肯定」が文脈上そのように呼ばれているに過ぎないものである。
11) 通常の認識はこのような自と他の非対称性を欠く全くの混沌には至らないが、これは現実の人間精神がすでに自と他の区分けに関するある程度の認識を学んでいることを示すと見られよう。
12) 木島2019年で強調したように、スピノザの体系ではこのような存在しない事物の想像についても、存在する個物と人間身体との因果関係を基礎に理解される。例えば有翼の馬の想像は、過去における人間身体と馬（またはそれと同種の原因）との間

の因果的交渉と、人間身体と鳥（またはそれと同種の原因）との間の因果的交渉が「軟部の痕跡」（E2P17S）を介して間接的に引き起こすものであり、最終的には人間身体の本性と、それらの個物の本性の間の「一致、差異、対立」（E2P29S）の分析に帰着する。

13) レドナーは「十全な観念」と「十全な原因」の不一致を指摘するが（Radner 1971）、少なくとも原因への依存において見られた十全な変状の観念において、この2つの規定は一体不可分である。

14) デラ・ロッカは、「混乱した観念」は二様の対象を十分識別しえない「不確定な観念」であって、通常の虚偽とは異なると論じるが（Della Rocca 1996, pp. 111-2)、これには同意できない。むしろそれは通常の意味での偽なる述語を肯定（ないし否定）する、確定的な観念である。

15) 総じて無知とは、このような仕方で過剰肯定を伴って誤謬に至るか、さもなければその無知の自覚ないし「無知の知」により、単純な無知であることをやめるか、いずれかに帰着すると考えられよう。

16) デラ・ロッカは2P35Sの「認識の欠如」に関して我々と同趣旨の解釈を打ち出す一方、2P35本文についてはそれを「混乱せざる原因の認識の欠如」と解釈し、結果的に誤謬を部分的無知と見るベネットの解釈を引き継いでいる（Della Rocca 1996, p. 117)。

● 文 献

Bennett, Jonathan. 1984. *A Study of Spinoza's* "Ethics". Indianapolis: Hackett.

Curley, Edwin. 1975. "Descartes, Spinoza and the Ethics of Belief". In *Spinoza, essays in interpretation.* M. Mandelbaum & E. Freeman eds. Chicago, IL: Open Court, pp. 159-89.

Della Rocca, Michael 1996. *Representation and the Mind-Body Problem in Spinoza.* Oxford, New York: Oxford University Press.

木島泰三 2019年「スピノザにおける想像——想像的対象に対するアクチュアリストの位置づけ」『フランス哲学・思想研究』第24号、pp. 156-67

木島泰三 2020年「スピノザの認識理論における決定論的行為者因果説と能動／受動概念（スピノザにおける観念とコナトゥス・そのⅢ）」『法政大学文学部紀要』第81号、pp. 27-43〈http://doi.org/10.15002/00023464〉

木島泰三 2021年『スピノザの自然主義プログラム——自由意志も目的論もない力の形而上学』春秋社

Morrison, John. 2015. "Restricting Spinoza's Causal Axiom". In Philosophical Quarterly 65（258）, pp. 40-63.

Radner, Dasie. 1971. "Spinoza's Theory of Ideas." *Philosophical Review* 80: 338-59.

In what sense is an error a privation of knowledge in Spinoza?
— Error as over-affirmation

Taizo KIJIMA

We will develop a consistent reading of Spinoza's theory of inadequate ideas, which has been viewed as an odd theory according to which every error constitutes mere ignorance. First, we classify ideas in the human mind in Spinoza's system into: (1) ones which cannot be adequate, (2) ones which cannot be inadequate, and (3) ones which may be adequate or inadequate and suggest that (3) is the most important for humankind, and that Spinoza thus focuses on this class of ideas in his Ethics. Next, we delineate how to account for the aboutness of ideas in Spinoza's system. According to our interpretation, every idea of affections sometimes erroneously affirms itself as some thing which is supposed to contain these affections. Then, we argue that "confused ideas" in Spinoza, which Spinoza associates with inadequate ideas, are ideas over-affirming themselves. Given these provisions, we attempt to show that when Spinoza calls error a privation of knowledge, he means a privation of a particular class, a class of privation of such knowledge as prohibiting human minds from over-affirming erroneous affections or properties of an object. We insist that this is a natural and consistent conception of error, which has been ignored by scholars who have attributed more awkward conceptions of error to Spinoza.

〈翻　訳〉

体系と時間性
——ヘーゲルとシェリングとの論争におけるヤコービ

ビルギット・ザントカウレン

（訳＝田中光）

1. ヘーゲル、ヤコービそしてスピノザ

　ヘーゲルが『信仰と知』において行ったカント、ヤコービ、フィヒテとの対決については多くのことが言えるだろう。しかしながら、わたしはここでは三つの論文のなかでも文字どおり中心点となっているヘーゲルのヤコービ批判だけに集中したい。そしてすぐにこのことで重要な点を指示するつもりである。というのも、いわゆるヤコービ版の「主観性の形而上学」[1]の中で、ヘーゲルをもっとも苛立たせているものは、ヤコービが関心の中心においた時間の問題であり、そしてこの問題が、スピノザについてのある論争の真っただ中へとわたしたちを引き込むからである。『スピノザ書簡』で定式化されたヤコービのテーゼは、スピノザの存在論は時間の問題で挫折する、というものである。それに対して、ヘーゲルは、このテーゼを完全に無意味なものと見なす。ヘーゲルの側からすれば、このテーゼは、ヤコービが二つの決定的な誤りを犯していることを露呈させるにすぎないのである。

　第一に、ヤコービの時間の現象一般への固執は全くの誤りである。なぜなら、時間は有限性の指標として、真の哲学が持つべき特別な関心には全く値しないからである、とヘーゲルは主張する。わたしたち有限な存在がもつ関心事のなかでも「無価値なもの」に集中することで、ヤコービはそれゆえ、それ自体全くとるに足らない問題に身を傾けている[2]。第二に、ヘーゲルにとって、さらに悪いことには、ヤコービはこともあろうにスピノザの存在論を時間と対決させ、

そしてここではそれどころか、スピノザの『エチカ』の構想のなかに内的矛盾ともいうべきものを突き止めたとさえ称するに至るのである。ヘーゲルは次のようにいう。「[ヤコービの] この論争の仕方の本性は、ヤコービが継起と有限性とが [スピノザの体系に] 欠けているのを嘆いて、これらを思弁のうちに端的に要求するか、それともこれらを [スピノザの体系の中に] 挿入して説明することで、そこに不合理な点を見出すか、このいずれかのうちに存することになる」[3]。これに対して、ヘーゲルにとって明白なことは、スピノザは時間という現象を、人間の「想像力Einbildungskraft」という仮象の産物に過ぎないとみなしている、ということである[4]。

　以上で、きわめて興味深い論争の輪郭がはっきりとあらわれてくる。一方で、スピノザの『エチカ』のテキストに本当のところ何が書かれているかは、まだ争う余地がある。ヤコービは、スピノザの「永遠の相のもとに」論証する存在論は、時間の次元をその遂行のために大いに利用しているが、しかし同時に内的矛盾なしでは、それを存在論の構想の中へと統合することはできない、というテーゼを主張する。これに対してヘーゲルはこの問題性をまったく存在しないものとして、無効化しようとする。そしてこのことと直接むすびついて、他方で、そもそも時間というものが哲学的に重要なテーマになりうるのか、なりえないのかが徹底的に争われなければならない。後者については後で再び立ち戻ることとして、第一に、スピノザの適切な読みの問題を取り上げてみる。『エチカ』は解決されない時間の問題で苦しんでいる、というヤコービの診断は正しいのか。あるいはスピノザの構想は、時間を首尾一貫して単なる想像力の産物として説明するものであり、ヤコービはそれゆえ『エチカ』に筋違いの誹謗を投げかけている、と主張するヘーゲルが正しいのか。スピノザのテキストに基づいてこの問いに決定的な解答を出す前に、さしあたり二人の言い分がより厳密に描かれねばならない。

　まずはヤコービである。時間という問題を文脈的にしっかり位置づけるために、ヤコービのスピノザについての論考の三つの決定的な構造上のメルクマールをわたしはごく手短に再述する[5]。第一に、『エチカ』を初めて合理的に再構成したのはヤコービである。この再構成は、内在の形而上学というそれ自身において完結した体系としてのスピノザの構想を明瞭なものにしている。第二に、

このことと結びついているが、ヤコービはこの構想を端的に範例的とみなし、称賛し、論駁できないものとみなしている。それにもかかわらず、第三に、ヤコービがスピノザの「宿命論」に対して行った批判は、それゆえ、実践的な反論という方法上の性格をもっている。この反論は、理論的な論駁という試みからきびしく区別されなければならない。「スピノザの学説」は、「論駁はできない」が、「反論できないものではない」とヤコービはメンデルスゾーンに対して主張している (Spin: JWA 1, 1, 290)。論駁と反論とのこの区別は、ヤコービのスピノザへの批判が、内容的にどこに重点を置いているのかということに対応している。体系論理的に、筋道をたてて振舞うことは、この批判によれば、わたしたちの生活世界の確信を直接さえぎることと分かちがたく結びついている。このことは、「自由」という標語のもとで「目的因」を除外してはもはや全く理解されなくなってしまう、特に行為への展望に関係している。ところが、このことは実質的に時間の次元にも関係している。というのも、「時間の中で生じないようないかなる行為も無意味であるから」(ibid. 257)。ヤコービの時間への根本的な関心は、それゆえ人間的実存の諸条件に方向づけされているのである。このことから、スピノザの存在論においては体系のもつ制約のために、こうした時間への関心が考慮されていないという非難が生じてくる。

　その際ヤコービは、すでに暗示されているように、『エチカ』において時間の次元が完全に欠けている、と主張しているのではない。したがって彼は、永遠と時間の人目を引くような対比を目論んでは全くいない。彼の異議申し立ての眼目は、むしろ次のことにある。すなわち、スピノザは、有限世界の時間性を十分念頭においているが、しかし体系論理的な理由から、それをただアポリア的にしか取り扱うことができなかった、と。この異議申し立ては、普遍的で合理的な世界の説明というスピノザのプロジェクトに向けられている。このプロジェクトは、伝統的な創造の理念を断念する代わりに「有限で、継起する諸事物の現実存在の自然的な説明」を提示しなければならず、そしてこの説明を遂行すれば「永遠の時間」という矛盾する規定に陥ってしまうのである (ibid. 251. 邦訳304ページ)。

　ヤコービは、『エチカ』の構想を筋の通った、論駁できないものとして称賛する。そしてすぐさま、その構想が内的に矛盾しているという診断を下す。こ

れに驚いた人もいるだろう。体系というものは、整合性をもちつつ、同時にそれ自身において、矛盾を含んで存在しうるものだろうか。実際に、このことはヤコービによれば両立しなくはないのである。逆に、ここにはそれどころか彼の論証の核心的部分がある。すなわち、それによれば単に論理的ではなく、<u>存在論的</u>な要求を申し立てるいかなる体系も、必然的に内に分裂をかかえた土台に基づかなければならないのである、と。体系は、合理的な世界説明の関心のもとで、「<u>原因</u>の概念を<u>理由</u>の概念と取り違える」がゆえに、内に分裂を含むものとなる（ibid. 255. 邦訳306ページ）。<u>理由と原因</u>のこうした根本的かつ不可解な<u>混同</u>がどのようにして時間の問題に影響を与えているのかは、ヤコービのこの概念の解明から、すぐにわかる。理由と帰結の論理的な関係は、時間的な継起を除外することによって定義されている。それと対照的に、原因と結果の現実的な関係は——ヤコービによって<u>生成の原理</u>と呼ばれているが——そもそも時間的な継起の条件のもとにおいてのみ理解されるのである。つまり、わたしたちは、この現実的な因果性をわたしたちの行為において根源的に経験するのである。[6] 理由と帰結には論理的な区別があり、原因と結果には時間的な区別がある。スピノザがこの二つの観点を根本から混同していることは、生起と消滅、生成と変化の時間的な実在性が単に無視されるのではなく、内在という一般原理において論理的にぼやけてしまうことを意味している。

　こうして、変化する諸様態のリアルな継起は、実体の内部に、一見したところ組み入れられる。その際同時に、無限な実体と有限な様態の間の永遠な関連は、破壊されることはないのである。そしてヤコービの叙述によれば、このことと次のことは完全に合致する。すなわち、スピノザが書簡12で「<u>時間、量そして数の概念</u>」を「<u>想像力（表象力）の様式</u>」と呼んでいたことである。[7] 想像力が生じさせる時間の概念は、様態の実体からの分離を含んでいる。したがって、この概念は、理性にとって重要ではない。理性は変化という現象を——想像力において思い浮かべられた余分なものを伴わずに——根拠の概念の論理学のいわば純粋形式のなかへと統合するからである。[8] ところが実はヤコービによれば、ここで理性は自己欺瞞に陥っている。「永遠の時間」という逆説において、様態の変化の統合などというものはすでに無力化されているからである。これは必然的にそうなる。なぜならば、内在というそれ自身において完結した

体系は、前方に開かれた時間の歩みをまったく知ることもなく、比喩的に言えば、時間の歩みを一つの円へと曲げ戻してしまうからである。まさしくこの理由から、スピノザの手を煩わせた「数学の比喩」は、ここではとくに助けにはならない。幾何学的な図形は、それ自体としてはリアルな継起の現象とはまったく関係がないのである。だから、もしスピノザのように、こうした図形を使って、有限な様態の領域に様々な現実的な変化があるのを認めることで、内在思想とは矛盾しない、ということを示そうとするなら、ヤコービによれば、わたしたちは「想像力」によって「欺」かれてしまうことになりかねないのである。その場合、事柄自体のなかに客観的にそもそも存在しない運動を、幾何学的な図形に主観の側から投影するのは、観察者自身なのだから[9]（Spin: JWA 1, 1, 251. 邦訳304-305ページ）。

　この分析からヤコービはラディカルな結論を引き出している。スピノザが「永遠の時間」という矛盾のなかに巻き込まれているのは、普遍的な世界説明の体系的な要求が挫折していることを示している、と。時間的存在の現象なるものは、理性にとっての凶兆と限界を表しているのである。わたしたちがこの限界に注意を払わなければ、そのときには重大な倫理的な結果を伴い、わたしたちの自己了解・世界了解の経験の根底が破壊されるのである。

　さて、ここからはヘーゲルと向き合おう。ヘーゲルが、なぜこの分析に対し、論争的な憤激でもって反応しているのかは、もはや驚くべきことではない。というのも、もしヤコービが正しければ、スピノザの存在論だけではなく、ヘーゲル自身の体系構想も、核心部において打撃を受けることになるだろうからである。『信仰と知』における構想は、それがカント、ヤコービそしてフィヒテにおける「主観性の反省哲学」に反対して、全体論的な同一哲学の展望の輪郭を描いている、という意味でまさしくスピノザの『エチカ』を手本にしている。しかし、時間の問題がすべての体系要求の説得力を揺るがすとしたら、成功への見込みはどうなってしまうだろうか。こうした事態に陥ったヘーゲルが用いている議論の主たる輪郭を、わたしはすでに提示しておいた。それによると、それ［時間］はそもそも問題になり得ない。というのも「真の哲学」においては、時間的存在の取るに足らない「無価値さ」などは、まったく問題にならないからである。しかしヤコービの批判に打ち勝つには、これだけでは十分では

ない。むしろヤコービの分析とは逆に、スピノザの『エチカ』は、すでに時間
のもつ「無価値さ」を主張している、ということが示されなければならないの
である。

　この論争にかなりの紙幅を割いていることだけを見てもわかるように、この
証明はヘーゲルにとってきわめて重要な意味をもっている。[10]しかし、ヘーゲル
の叙述における論証の見取り図は、一目でわかるものであり、それほど複雑で
はない。ヤコービの診断は、ことごとく誤りであり、それゆえ、スピノザが
「永遠の時間」というアポリアに巻き込まれてしまった、と主張することは馬
鹿げていると、ヘーゲルは言う。そしてこのことを、ヤコービの読みとは違う、
スピノザが時間と永遠を根本的に切り離しているという解釈で根拠づけようと
する。それによると、存在論的に意味のあるものは永遠の次元だけである。こ
れに対し、時間という存在めいた現象は、実体とその様態との間の真なる位置
関係をひっくり返した「抽象」の産物である。ヘーゲルはこれに並行して、わ
たしたちは無限なものの二つのタイプを厳密に区別しないと、スピノザの発想
を十分に理解できないというというテーゼを立てる。

　これに従えば、一方で実無限 (infinitum actu) あるいは絶対的に無限なものと、
他方ではヘーゲルのいう「経験的無限性」(die empirische Unendlichkeit) なるも
のが区別されなければならない。[11]絶対的に無限なものは「存在の絶対的肯定」
として特徴づけられている。「この単純な規定は、それゆえ無限なものを、絶
対的で、自分自身と等しく、分割できない、真なる概念へと転換する。この概
念は、特殊なもの、あるいは有限なものを本質上含んでいる」。ヘーゲルによ
れば、スピノザは無限なもののこのタイプを「知性 (Verstand) の無限性」と名
づけている。このことはヘーゲルのスピノザ解釈では「直観的認識」(intuitive
Erkenntnis) と直接的に結び合わされる。これに対して「経験的無限性」は
「想像力」の領分である。想像力は、肯定的な無限性を抽象してしまうことか
ら、否定をその特色とする。それゆえ、想像力は、様態を実体から分離させ、
様態を数量化しつつ部分へと分解し、これによって初めて、様態に時間の中の
存在という性質を帰属させるのである。ヘーゲルが特に強調していることであ
るが、「持続」は「想像によって」のみ措定される「時間のモメント」であり、
「有限なもの」である。そして「経験的無限性」もまたまさしくこのように生

じる。それは時間的に固定され、互いから区別された個々の事物の、絶え間な
く続く想像にすぎないのである。

　これを背景にして、ヘーゲルは二つのことを主張する。「想像や反省は単に
個々の物、抽象的なもの、有限なものに向かう」のだから、第一に明らかにな
るのは、事物の時間的な存在は「それ自体としては端的に無」であることであ
る。ヘーゲルの叙述によれば、スピノザもまた、事物はこうした形で想像にと
ってのみ──それゆえ現実にではなく──存在していることを幾何学的な例証
で裏付けようとする。同様に、第二のこととして明らかになるのは、ヤコービ
が思弁的思考にはまったく向いていないことである。その代わりに、ヤコービ
は完全に「想像」に心を奪われてしまっている。それだから、かれは時間的存
在の「無」を、実際にはそうではないが、それ自体何か現実的なものとみなし
ている。そしてそれゆえ、ヤコービは、スピノザに対しても最初から不合理な
問題提起を持ち込むのである。「永遠の時間」というヤコービの反論が空をつ
かむだけではない。ヤコービが『エチカ』に「有限で、継起する諸事物の現実
存在の自然的な説明」などという課題をなすりつけていること自体が、かれが
この哲学を実質的に誤って理解していたことを証明している。というのも、ス
ピノザがそうした説明を企てることを思いつくことなどあり得なかったからで
ある。スピノザにとっての重要課題はまさにその逆に、抽象的な「個別性と有
限性」を「理念」において無化することだったのだから。

　以上で、ヤコービとヘーゲルのスピノザとの対決において、両者を動かして
いる立場が、またそれとともに関心の在りかも明らかにされた。両者とも学説
誌Doxographieを検討したかったわけではなく、わたしたちの自己理解と世界
理解についての解明を得るという、まさにそのことが重要だったのだ。そして
二人のどちらにとっても、スピノザの『エチカ』は、そうした試みを方向づけ
るための範例的な妥当性をもっていた。まさしくそれゆえに、本節を終えるに
あたって［二人の］読みの説得力を検証し、そしてそれらの読みを決して単なる
解釈上の差異とは受け取らないことが決定的に重要である。ヤコービの方が問
題点を的確にとらえていたのか、それともヤコービの分析を、誤った単なる想
像にとらわれた思想家の証言とみなしているヘーゲルの方が正しいのか。

　その答えは、ヘーゲルに有利なものとはならない。ヘーゲルの読みによれば、

　わたしたちがスピノザを読む際に直面するのは、ひたすら本質主義的に構想された形而上学ということになるだろう。しかしながら、これは話になりえない。スピノザは様態の存在に関して二つの形式を区別しているからである。すなわち、実体とおなじように永遠が帰せられる本質的な、あるいはリアルな存在（die wesentliche oder reale Existenz）と時間におけるアクチュアルな存在（die aktuale Existenz）との区別である[14]。このアクチュアルな存在は、有限な事物の無限な作用連関としてすでに『エチカ』第1部定理28に導入され、第2部以降、コナトゥスの定理を含めて全体の思考の歩みを規定している。この［コナトゥスの］定理は、様態の自己保存の努力を、様態のアクチュアルな本質（essentia actualis）と同一視する。だからこそ、現実化された本質として自己保存の努力は無限定な時間のなかにひろがっていくのである[15]。

　ヘーゲルの本質主義的なスピノザ解釈は、時間的有限性のこの具体的な構造のなかへまったく分け入ろうとしない。逆である。すなわち、個物の時間的存在を「想像力」の産物と説明し、そしてこのテーゼを『エチカ』第1部定理28への間違った参照で証明するならば[16]、スピノザの倫理的な理論、つまり現実の生の遂行に方向づけられた理論を支えている、不可欠の存在論的な基底を文字通り破壊してしまうことになる。表象力（imaginatio）についてのヘーゲルの誤った解釈もこうした点を浮き彫りにしている。ヘーゲルは、表象力のせいで、時間的世界などいう仮象存在が現れると主張するが、そのようなことは決してない。表象力の欠点は、スピノザによれば、自分が関係しているこの世界のアクチュアルな存在（die aktuale Existenz dieser Welt）を、十全に認識できないということにすぎない[17]。それゆえヘーゲルの「想像あるいは反省」という、この両者を変に同一視しようとする語り口は極めて示唆に富んでいる。スピノザ自身に一切の典拠を求められないこうした語り口は、ヘーゲルがどのような思考モデルに実際に従っているのかを示しているからである。すなわち、ヘーゲルは明らかに、『信仰と知』において、シェリングの同一哲学の企てをスピノザの『エチカ』に投影していたのである。そのことは後ほど取り上げよう。

　ヤコービが不当な投影を行っているというヘーゲルの非難は、したがって、ヘーゲル自身に跳ね返ってくる。しかしそれだけではない。むしろ、こうした非難をヤコービに向けること自体が正しくないのである。なぜなら、ヤコービ

はヘーゲルと違って、スピノザの厳密な分析を提供しているからである。第一に確認されねばならないことは、ヤコービは本質的でリアルな存在（essentiell-reale Existenz）と時間的でアクチュアルな存在（zeitlich-aktuale Existenz）との存在論的区別を常に忘れていないことである。そしてこのことと関連して、ヤコービは、スピノザの人間の認識と行為の理論は、現実に存在する身体を前提にして成り立っていることもわかっている（Spin: JWA1, 1, 105ff. 邦訳160-164ページ）。第二に、さらに決定的なことは、ヤコービがそればかりか、こうした区別を内在の形而上学の諸条件のもとで果たして根拠づけることができるのかどうか問い、そしてさらに、諸事物という時間的存在は永遠の実体から直接的にではなく間接的に生じるというスピノザのテーゼを足がかりにして、そうした根拠づけが困難であることを突き止めていることである。[18]

　というのも、仮に時間的存在が一つの事実であるとみとめたとしよう。すべてを網羅しようとする存在論なら、こうした事実を——とくに生の倫理的方向づけにまなざしを向けるときには——尊重しなければならないが、しかしこの事実は、実体という永遠の存在から直接には導き出せない。たとえそう認めたとしても、ではどうしたらこのような事実を統一的体系の中にうまく統合できるのかという疑問はいつまでも残り続ける。それゆえ、スピノザがまさしくこの関連において、「しかし、およそ存在する一切の物は神のうちに在り、かつ神なしには存在することも考えられることもできないように神に依存している」と断言するとき、このことは何を意味するだろうか。[19]すべてを包含する統一という体系的な条件のもとでは、時間的存在者の次元は、内在のもつ枠を踏みはずすことはできない。したがって、時間的存在者の次元は開かれた——不定の（indefiniter）——プロセスとして考えることはできず、むしろそれは無限なもの（infinit）として、すなわち「真に無限なものとして」考えなければならないのである。その結果として、まさしくこの必然的に考えざるを得ないアクチュアルな存在者の無限性は、「いかなる数学的な比喩によっても取り除くことのできない永遠の時間というつじつまの合わない概念」にゆきついてしまうのである（Spin: JWA1, 1, 257. 邦訳308ページ）。[20]スピノザ自身が「永遠の時間」を話題にしているとは、もちろんヤコービは主張していない。ヤコービの論証によれば、幾何学的な実例を利用するその構想の中心部において、スピノザは

まさしくこの逆説に気付かなかったのである。

2. ヘーゲル、ヤコービそしてシェリング

　ヘーゲルの論文［信仰と知］に対するヤコービの回答は、1803年に発行されたシェリングについてのケッペンの本に添付された「フリードリヒ・ケッペン宛の三通の書簡」に出てくる。わたしたちが詳しく論じてきた問題状況を背景にしてこの書簡に向き合うと、時間をめぐる論争は一見反響がなかったように思える。ヤコービは、ヘーゲルのスピノザへの関与に触れていないし、またその限りにおいて、ヤコービ自身の分析の事実に裏付けられた正当性も強く主張していない。かれが断固として自分の立場の歪曲としてきっぱりと退けるものは、理性概念に関することである。すなわち、「理性は、わたし［ヤコービ］にとって概して主観的なもの（etwas allgemein Subjektives）であるという」ヘーゲルの決めつけである（BK: JWA2, 1, 369）。ちなみにこのような［ヘーゲルの］見解は、ヤコービが［『スピノザ書簡』のなかで］立てた実体的理性と形容詞的理性の区別と全く整合していないが、こちらの議論はこれ以上筋をたどらないことにしよう。

　というのも目を凝らしてみれば、この書簡でも時間という先に論議された話題が——しかも大事な論点として——はっきりと現前しているからである。そしてその際、同時になぜヤコービが、スピノザをめぐる論戦に今さらわざわざ立ち戻る必要がないかが明らかになる。シェリングの同一哲学という、スピノザの後継者がついに出現したのである。この後継者はカントとフィヒテにおいて準備されていた帰結をはっきりと引き出し、ヤコービはこの哲学に「もし一つのものから成り立つ哲学がもつ絶対的必然性が前提されるならば、そうなるのが当然だ」とするお墨付きを与えている。（BK: JWA2, 1, 364）。神的事物をめぐる論争［1811-1812］よりはるか以前、ここでシェリングがはじめて標的となる。というのも、ヤコービは文体を根拠に、『信仰と知』の著者がヘーゲルであることを正しく推測していたが、しかし同時に、ヘーゲルの批判の背後にある体系への構想はシェリングに由来することも、正しく気づいていたのである。[21]したがって、言葉の上ではヘーゲルが行った攻撃であっても、実際にはヘーゲ

ルとシェリングの二人に帰せられるべき企てとして理解されねばならない、と
いうかれの想定も誤ってはいない。ちなみに、シェリングのある手紙の言葉は、
このことを具体的に裏づけており、同時にこの手紙は決定的な点を指示してい
る。すなわち、シェリングがヴィルヘルム・シュレーゲルに1802年8月に書い
た『信仰と知』の添え状にはこうある。「ヤコービの思弁的側面は、あなたが
ご存じのつい最近の発言まで、また有限者の無化に対する恐れというあからさ
まな根本原理まで、［この本の中で］かなり丹念に追い立てられています」
（JWA2, 2, 489）。

　まさしくこのように見られていることを——あたかも彼がシェリングの手紙
の覚書を知っていたかのように——ヤコービもまた強調する。というのも、ヤ
コービは『信仰と知』におけるすべての攻撃は彼の二重哲学の挑発力を和らげ
るための試みに他ならないとするからである。これによると、ヤコービが体系
論的根拠から「一つのものからなる哲学」の要求を認めつつ、しかし同時にこ
の企てに対し全面的な承認を拒むことは、矛盾とされる。この矛盾をシェリン
グとヘーゲルは「臆病な気持ちに由来するものとして心理学的、道徳的にしか
解釈」できない。「この臆病な気持ちこそが、わたしの有限な存在を失うので
はという不安にわたしを陥らせ、わたしに有限性から無限性へと移行すること
を卑劣にも拒ませているというのです」（BK: JWA2, 1, 365）。しかし、これでは
まだ十分でない。ヤコービが体系論理的には何が重要であるかをよく知ってい
ながら、この見解を、体系プロジェクトを促進すべくあからさまに広めようと
しないのは「すでに述べたように、わたしがわたしの有限性と時間性を失って
しまうという考えにおびえているからだというのです」。こういうヘーゲルの
見立ての最終的に向かう先は、ヤコービは「やりたくないことの完全性からや
れることの不完全性へとさかのぼる推論」を行っているに違いなく、それゆえ、
かれは、本当は無に等しい現象にしがみついているだけでなく、思弁的思考の
能力もないということになる（BK: JWA2, 1, 365f.）。

　こうした診断にヤコービは影響を受けたそぶりは見せなかった。ヤコービは、
シェリングの言うところの「有限者の無化に対する恐れ」を弁明することもな
く、またこの非難を、心理学的なモチーフと事実に基づいたモチーフの許され
ない混合であるとして、特に退けることもない。こうした仕方でヤコービの立

場への批判が行われていることは、単に確認されるだけで、それ以上のことは
もはや明らかに必要とされていないのである。というのも、ヤコービはそれに
先立ち「ケッペン宛の第二の書簡」の中で、シェリング哲学についての叙述の
総括のようなものをすでにまとめているからである。したがって、この叙述が
重要である。この叙述はシェリングの三つの著作、すなわち「自然哲学体系の
第一草案」(1799年)、「自然哲学体系の構想への序論」(1799年) の二つの論考と
「わが哲学体系の叙述」(1801年) に関連づけられている。しかし、どうして重
要なのだろうか。

　シェリングはかつて二つの異なる学問として自然哲学と超越論哲学を構想し
た際にも、すでに絶対的同一性を眼前に思い描いていたと述べている。シェリ
ングのこの発言に基づいて、ヤコービは、同一哲学の叙述から出発して、先に
述べた三つのテキストをひとつの思想的な連関のなかにおく。このことは──
前もって心に留めておいてもらいたいが──全く問題がないわけではない。そ
もそもこのシェリングの自己解釈が、信憑性をもつかどうかひとによって意見
は全く異なるだろう。仮にそこはおいておくとしても、自然哲学と同一哲学と
の間にはいくつもの差異がある。ヤコービはこうした差異を、両者の文脈から
抜かれてきたテキストの文章を融合させることによって、中和してしまうので
ある。とは言え、この箇所の文章は特に印象深い形で選ばれている。これらの
箇所は文脈横断的に、シェリングが巻き込まれた根本問題を強調している。こ
の根本問題とは、ヤコービの表現によれば、結局のところ「その総体をわたし
たちが世界、自然あるいは宇宙と呼んでいるところの諸事物の根源と存立の謎
を、人間的に」すなわち、体系を構成するという行為において解き明かそうと
することである (BK: JWA2, 1, 355)。

　そうすると、有限で、現実に存在しているこの世界は、シェリングの視界か
ら消え去ってしまう。この世界は、有限者と無限者との間にある差異をわずか
な内部の差異として吸収してしまう統一へと解消されてしまうからである。し
かし、それだけではない。この企てに本当に破滅をもたらすものは、むしろそ
こから生じる帰結である。すなわち、自然一般について何を語っても、それは
いかなる意味も持たなくなるのである。ヤコービは、シェリングの思弁的自然
学の構想の要点を再述して、次のように言っている。「その本質は、それゆえ

可能なことと不可能なことの同一性であり、無差別である。すなわち、まったくどうでもよい<u>純然たるせわしなさ</u>である。このせわしなさは形態も、無形態も望まず、端的に<u>そのどちらでもないこと</u>を望む。それは、永遠の生成が、<u>この生成だけが存在するため</u>に、生成し得ないものを端的に望む。そして生み出すことなき両性具有の永遠なる性交こそがその真の生であり営みである。このせわしなさは、この生み出すふりをする状態をつくりだすためだけに、自らを二重化する。そしてその限りにおいてのみ自らを二重化するのである」(BK: JWA2, 1, 359f.)。

このように、本来何も生成せず、また生成するはずもない「永遠の生成」という形態をとって、以前スピノザに向けられた「永遠の時間」という問題点が回帰することは明白である。同時に、ヤコービの叙述から次のことも明らかになる。すなわち、この問題点が、シェリングのおかげでより鮮明となったのである。シェリングは、体系論理を構成するパラダイムを明確に意識化した人々、つまりカントとフィヒテの相続人であり、後継者でもある。スピノザと比較して、このことは第一に次のことを意味する。すなわち、スピノザが有限者の本質的な存在とアクチュアルで時間的な存在とを区別し、これを存在論的に内容ある区別として捉えていたのに対し、シェリングの自然哲学と同一哲学は、そのような区別を設けるいかなる論拠ももはや与えないのである。むしろシェリングは、すでに見たようにヘーゲルが誤ってスピノザの存在論に投影した、まさにその見解をとっており、その見解をシェリング自身、スピノザの十全な理解とみなしている。すなわち、有限な世界は、時間的につくられた世界として「そもそも端的に無」であり、それはただ「反射 (Reflex) の法則にしたがって」生じているにすぎないというのである。[22]

こうして時間的世界を目の敵にして無効化し、また有限者を無限者との絶対的統一へと揚棄することで、第二に次のことが帰結する。すなわち——またもやスピノザの場合とは違って——構想の内的矛盾を自覚できていないのではないかという異議申し立ても必要なくなるのである。「決して反・<u>生産</u>的ではないけれど、とことん反・<u>産出</u>的であり」(BK: JWA2, 1, 359)、「反生産的な生産性と生産的な反生産性」とを自身のうちで結びつけている (BK: JWA2, 1, 361)、「永遠の生成」という矛盾にみちた考え。これこそまさに [シェリングによって]

計画的に目指された考えであり、事物の関係の唯一の正しい把握として主張されている考えなのである。もちろん、この考えには代償も伴う。現実を具体的に説明するためのどのような言明を行っても、いかなる意味も可能性も根こそぎ失われるのである。「理性が立ちのぼるためには悟性は沈んでいかなければならない」とヤコービはこの見立てに注釈をつけている。そして次のような皮肉な言葉で締めくくっている。「このようなすべてを見通した[と思い込んでいる]中で[悟性が]沈んでゆくことは、あまりにも自己満足的な直観と観想の幸福に伴われているはずなので、この境地を味わう者は、地の底深く沈み込みながら、この境地以上のなにか別の願いを抱くことなど夢にも思わないだろう」(BK: JWA2, 1, 361)。ヘーゲルはヤコービのシェリングへの批判に気づいただろうか。いずれにせよ見逃せないことは、ヘーゲルが数年後に『精神現象学』の序文において、唖然とするほど似た論拠で自分からシェリングとの間に距離を置いていることである。

3. シェリングとヘーゲルへの問い

　直接にヤコービによってきっかけをあたえられたのか、そうでないのかはさておき、ヘーゲルのシェリングとの断絶は、疑いもなく、次のことに対する情況証拠と見なされねばならない。すなわち、当初あれほど熱心に追及された「有限者の無化」という構想が、有限な存在の時間性に目を向ければ純然たる「無」にしがみつくことになるというヤコービに対して仕掛けられた論争を含めて、致命的な見込み違いであったことである。哲学的に成し遂げねばならないことについての見込み違いをしていたことは、ちなみに、シェリングも自覚していた。というのも、シェリングは後になって、彼の自然哲学と同一哲学の全局面を――本人の言い分では以前からすでに行ってきたという――「消極哲学」の符号のもとに分類し、そして積極哲学と消極哲学とを区別するというまさにこの関連において、時間の現象に極めて大きな注意を向けているからである。「時間というものは哲学におけるすべての研究の出発点であり、時間についての一定の説明なしでは理解可能な[哲学の]発展はありえないだろう」[23]。

　こうした著しい変化を考慮すると、ヤコービが1800年頃もそれ以後も、彼

の時代をはるかに先駆けていたと断言しても誇張にはならないだろう。このことに関して二つの問いが執拗に頭に浮かんでくる。第一の問いは、何がシェリングとヘーゲルにかれらの最初に主張された見解への動機を与えたのかという問いである。どの程度、そしてなぜ「諸々の体系が動き」出すことになったのかは、そもそも始まりを分析してみないといつまでも明らかにならない。このことだけからしても、ここで明らかになった結果を単純に無視することはできないだろう。それでは改めて問うが、カント以後、新しい実在論を基礎づけることこそ間違いなく緊急の課題であったはずなのに、一体どうしてそこで、時間的現象を短絡的かつ熱烈に非実在的なものとみなし、この現象に関心をもつことを無用とみなすようなことを思い付きえたのだろうか。少なくとも一つの可能なモチーフは、時間を主観的でアプリオリな直観の形式とした、カントの時間論の中にあるだろう。この推測は間違っていないようにわたしには思える。ヤコービは1801年の「理性を悟性にもたらそうとする批判主義の企てについて」のなかで、時間がはらむ問題性を詳細に検討した自説にカントのこの立場を関連づけ、痛烈に批判している。その一方で、カントが時間を［物自体ではなく］現象に割り振ったというまさにそのことが、ヤコービとは正反対に、時間的な現象を想像力の産物と言い張り、「真の実在」を別のどこかに探し求めるよう［シェリングとヘーゲルを］促したかもしれない。この意味では、シェリングとヘーゲルは依然として「カント主義者」だったのだろうか。そしてかれらは、まさしくそれゆえに、スピノザの存在論もヤコービのスピノザ批判も、明らかに誤って読んだのだろうか。

　第二の問いは、この推測と直接的に結びついている。わたしの以上の推測が正しいとすれば（とはいえ、かれらが有限者をあれほど猛烈に嫌悪していた理由については不可解なままにしておくが）、カント以後のさまざまな体系構想をさらに追っていく際に、検証しなければならないことがある。そこにカントの時間論からの離反が果たして確認できるかどうか、できるとしたらいつの時点で、どのような意味での離反が確認できるか、ということである。しかし、これではまだ十分ではない。というのも、体系プロジェクトという野望がこれからも問題になり続ける限り、単に時間を、存在論的に内実のある現象として直視するだけでは済まないからである。むしろ重要なのは、この［時間という］観点を体系

全体に統合する<u>こと</u>なのだ。したがって、結局わたしたちは、ヤコービがスピ
ノザとの対決においてはじめから突きつけていたあの問題に、決然と取り組ま
ねばならないのである。つまり、ポストカント主義［を名乗るシェリングやヘー
ゲルの哲学］においても、体系論理的な理由から、「永遠の時間」という逆説が
回帰してくることに備えておく必要がある、という問題に。

（訳者付記：訳出の際、哲学的に難解な箇所を吉田量彦先生にご教示いただいた。ここ
に改めて感謝申し上げる次第である。）

● 凡 例

・本稿は（Sandkaulen 2019）S. 271-287に収録された論文„System und Zeitlichkeit. Ja-
cobi im Streit mit Hegel und Schelling"の全訳である。
・論文の初出は（Waibel / Danz / Stolzenberg 2018）S. 299-316だが、翻訳は（Sand-
kaulen 2019）収録時の原文を底本とする。
・［ ］内は訳者による補筆を表す。
・原文のイタリックで表記された強調箇所は、下線で示す。ただし、著作の表題である
ことを示すイタリック（z.B. *Glauben und Wissen*）はこれに含まれない。

1)　ヘーゲル『信仰と知』（GW4, 412）.
2)　GW4, 377. さらに（Sandkaulen 2004）参照.
3)　GW4, 359f.（邦訳79ページ）.
4)　GW4, 354f.
5)　これについては（Sandkaulen 2000）（時間の問題性については、特にKap. VI,
　　S. 133-169）、及びこの論文集（Sandkaulen 2019）の第一論文［Jacobis „Spinoza und
　　Antispinoza". S. 15-31.（下田和宣訳）「ヤコービの『スピノザとアンチスピノザ』」
　　『スピノザーナ』第13号、2012年、41-61ページ］、第二論文［Fürwahrhalten ohne
　　Gründe. Eine Provokation philosophischen Denkens. S. 33-53.]、 第三論文［Wie
　　„geistreich" darf Geist sein? Zu den Figuren von Geist und Seele im Denken Ja-
　　cobis. S. 55-76.] を参照。
6)　ヤコービは特に次のことをはっきりと主張している。「原因の概念は、それが理由
　　の概念と区別される限りにおいては、そもそも<u>経験概念</u>であり、この概念は私たち
　　の因果性と受動性の意識のお陰と言わねばならないものであり、この経験概念は理
　　由の概念に解消されないと同様に、単なる理由という観念上の概念からも導き出す
　　ことはできないのである」（Spin: JWA 1, 1, 256. 邦訳307ページ）。ここでいう原因
　　の概念とそれに対応する結果の概念とは、自然法則的な因果関係のことでは全くな
　　い。このタイプの［自然法則的な］因果性は、ヤコービによれば、むしろ理由と原因

を一つにすることから生じるのである。この一体化は、「すべての制約されたもの [被制約者] は何らかの制約をもたざるを得ない」(ibid.) という充足理由律にその論理的な対応物をもっている。論理的な制約関係と現実的な制約関係における「本質的な違い」をはっきりわきまえている限り、理由と原因のこの一体化は問題がないのであるが、この違いを中和してしまうと、二つの概念の混同が起きる。この場合には「一方を他方と混同し、一方を他方のために使うということが勝手におこなわれる。そして事物は、生じることなしに生じ、変化することなしに変化し、お互い、相前後することなく、相前後することができるという結果になってしまう」(ibid.)。

7) Spinoza, B.d. 1986. *Briefwechsel*, hg. v. M. Walther. Hamburg. S. 50.

8) 「生成という概念は、<u>存在</u>、あるいは実体と同様に生成した、あるいは生成が生じたということは不可能であるという命題から、物質はそれ自身の永遠の無限の活動を持たなければならない、そしてこの無限な活動は、実体の直接的な様態でなければならない、という正しい帰結をスピノザは引き出したのである。彼が、所産的自然における運動と静止の関係の中に表現されているのを気づいたと思っている、この直接的な永遠の様態は、彼には、個々の事物の、そしてそれらの絶え間ない変化の普遍的で、<u>永遠に変わることのない</u>形式であったのである。もし運動が始まりを全く持たなかったならば、<u>個物</u>もまた始まりを持たなかっただろう。これらの個物は、永遠の昔から、それらの根源に従い、存続していただけでなく、それらの継起にもかかわらず、理性概念によれば、すべては<u>同時に</u>存続していたのである。というのも、理性概念においては、いかなる「以前」も「以後」もなく、すべては必然的であり、同時なのである。そして<u>依存関係の継起</u>がそこで考えられる唯一の継起である。スピノザは、運動、個物、生成そして継起の経験概念を、理性概念にまで高めてしまったので、それらが、同時に、経験的なものすべてによって<u>純化される</u>のを見たのである。そして彼は、すべてのものは、永遠ノ諸物カラ流出スル様態ニシタガッテのみ考察されねばならない、という固い確信に基づいて、<u>時間</u>、<u>量</u>そして数の概念を、この様態から抽象された、一面的な考え方として、それゆえ、想像の産み出した存在物と見なすことができたのである。この存在物についていえば、理性は気遣う必要はなく、あるいは理性がそれらをまず改良し、真なるもの（〈真ナルモノト考エラレタモノ〉）へ連れ戻さなければならない、と [スピノザは] 言っている」(Spin: JWA 1, 1, 253f. 邦訳 305-306ページ)。

9) どれほど徹底的にヤコービがこの問題状況に取り組んだかを、彼が1819年の『スピノザ書簡』の第三版において付け加えた解明的な補足の文章がとりわけ十分に明らかにしている。そこでは次のように言われている。「スピノザは確かに個々の事物の、[無からの]「生成を伴う生成」を否定しているが、しかし生成を伴わない、始まりなき、終わりなき生成は、すなわちこの事物の、真に現実的な生起と消滅は否定していない。とはいえ、それは永遠なる、自分自身の中をぐるぐる回る流れの中であるが。またスピノザは次のことを明確に教えている。個物は無限なものから直接に生じるのではなく、それぞれの個物は他の個物を前提としていて、このように無限に進むのである。それゆえ個物は、神から一時的で、有限な、移ろいやすい仕

方でなく、ただ永遠，無限な仕方でのみ生じる、と。<u>というのもこれら個物は、互いを産出し合い、破壊し合い、それらの永遠の存在において、それゆえ変わることなく留まることにより、次から次へと生じる</u>、と（『エチカ』第1部定理28）。……それゆえスピノザは反論できないほどに、<u>永遠なる時間性</u>の現実的な存在を、始まりなきものを、必然的な継起における有限であり、実在する、真なる個物の現実的な、真なる生成と消滅を主張している。<u>永遠なる時間が、今日という日にまで、やって来ることができる</u>ということを認めることは馬鹿げたことであるという反論を、彼は、いかに時間は理性を前にして、必然的に、自ら時間的な、儚いものから離れ消えていき、そしてこのことにより、この時間的なものは変わることのない永遠なものに、生き生きとした神性自体へとすぐに変容させられるかを示すことによって、易々と取り除いた。……私が先ほど引用された三個所で十分に明らかにしたように、本当のところ、スピノザの体系の防止策が講じられることにはならなかった。なぜなら、その時、前にもまして、スピノザに対して実際に以下のような二重の疑問が提起されることになるからである。スピノザは次のように教えているかどうか、すなわち自然にはただ唯一の存在だけが存在し、いかなる生成も存在しないと、あるいは逆に、自然には、ただ生成だけが存在し、いかなる存在も存在しないと。この第二の問いに対して私たちは彼からはっきりした<u>否定</u>の答えをもらっている。第一の問いには、<u>否定のついた肯定</u>だけ（nur ein Ja *mit* Nein）である。そしてこの「Mit」によって、真に平和的な同盟に至ることのない矛盾した要素を、答えとして私たちは受け取る」（Spin: JWA 1, 1, 252f. 邦訳317-318ページ）。

10)　GW4, 354-360.

11)　GW4, 354f. 続くすべての引用はS. 354以下のここにある。

12)　GW4, 355f.

13)　全文はこうなっている。「構想力［想像力］や反省はもっぱら個々の諸物や抽象物そして有限なものに向かい、そして、これらの諸物は構想力［想像力］や反省にとっては絶対的なものとして妥当するからである。しかし、理念においては、この個別性と有限性とは無化されるが、これは反省や構想力［想像力］において対立しているもの、すなわち観念的にか、或いは経験的にか対立しているものが、一体のものとして思惟されることによる。反省が特殊的なものとして措定する諸物が、ここでは同一のものとして措定されるということ、こうしたことに関するかぎり反省もこれを把握するが、しかし反省は諸物がこれによって同時に無化されるということは把握しない。というのは、反省だけしか活働していない場合には、その所産は絶対的であるからである。こうして、反省は分離されているかぎりで反省にとって存在しているものの同一性と、この同一性におけるこの分離されているものの絶対的存立との両者を措定することで、反省は首尾よく不合理性を発見しているのである。こうしてヤコービは構想力［想像力］と反省の所産である時間という抽象物と個々の諸物という抽象物とを自体的に存在するものとして措定し、そしてもしも永遠な実体の絶対的同時が措定されるとすれば、この永遠な実体から取り去られたものであるかぎりで存在する個々の諸物や時間もまた同様に［永遠な実体と］ともに措定される

ものであることを発見してはいる。——しかし、ヤコービは、［個々の諸物や時間は］これらがそこから取り出された永遠な実体に再び与えられることで、これらがこの実体から引き離されているかぎりでそのものであったものではなくなるということを反省してはいない。こうしてヤコービは無限性と永遠性そのもののうちに時間と個別性と［有限的］現実性とを固守しているのである」（GW4, 356. 邦訳72-73ページ）。

14) 『エチカ』第5部定理29参照。

15) 『エチカ』第3部定理7と8。

16) GW4, 355.

17) スピノザの書簡12での発言もここに関係づけることができる。「表象力」（imagination）による十全でない認識から、それ［表象力］は、様態を実体から分離する、時間という抽象的な概念を作り上げることになるという発言である。しかしスピノザのこの抽象化に対する批判は、ヘーゲルが主張するような、存在の現象としての時間性を否定するという意味ではない。ここでヘーゲルは、様態の本質的存在とアクチュアルな存在をスピノザが区別していることを、完全に見落としている。書簡12は、まさに終始この区別を扱った書簡なのである。

18) 『エチカ』第1部定理28備考。Spin: JWA1, 1, 277f. 参照。

19) 『エチカ』第1部定理28備考。

20) これが意味するのは、ヘーゲルの無限な無限性と「経験的な」つまり不定の無限性との誤った区別の向こうを張り、わたしたちはスピノザに、本当のところ二つのタイプの無限に無限なものを考えなければならないということである。すなわち、本質的な無限性とアクチュアルな無限性である。その際、決定的なことは、アクチュアルな無限性のディレンマは、持続と時間を区別しても解決されないということである。いずれにしてもここには関係ない表象力が形成する抽象的で、非十全な時間の概念は問わないことにしよう。それにしてもスピノザ自身は、『エチカ』において、決して持続と時間との一貫した区別を維持できていないのである。したがって、まさしくこの見立てもまた、ヤコービによって強調された原則的な問題を改めて裏づけている。

21) このことに関しては（Sandkaulen 2008）も参照。

22) シェリング「哲学の体系からの追加的な叙述Fernere Darstellungen aus dem System der Philosophie」SW IV, 385f.

23) （Schelling 1998）S. 16. 彼自身のかつての構想に関して、この時期のシェリングは、同時にきっぱりとこう書いている。「永遠な出来事などというものはいかなる出来事でもない」（SW X, 124）。

● **文献一覧**

GW Hegel, G. F. W. 1968ff. *Gesammelte Werke*, in Verbindung mit der deutschen Forschungsgemeinschaft hg. v. der Nordrhein-Westfälischen Akademie der Wissenschaften und der Künste. Hamburg.

(ヘーゲル（上妻精訳）『信仰と知』岩波書店、1993年）
JWA Jacobi, F. H. *Werke. Gesamtausgabe*, hg. V. K. Hammacher u. W. Jaeschke. Hamburg 1998ff.
Spin „Schriften zum Spinozastreit". In: JWA 1, 1.
(ヤコービ（田中光訳）『スピノザの学説に関する書簡』知泉書館、2018年）
BK „Drei Briefe an Friedrich Köppen". In: JWA 2, 1, 335-372.
Sandkaulen, B. 2000. *Grund und Ursache. Die Vernunftkritik Jacobis*. München.
Sandkaulen, B. 2004. „Das Nichtige in seiner ganzen Länge und Breite. Hegels Kritik der Reflexionsphilosophie". *Hegel-Jahrbuch* 2004: 165-173.
Sandkaulen, B. 2008. „Die Ontologie der Substanz, der Begriff der Subjektivität und die Faktizität des Einzelnen. Hegels reflexionslogische, ‚Widerlegung' der Spinozanischen Metaphysik". *Internationales Jahrbuch des Deutschen Idealismus/ International Yearbook of German Idealism* 5: 235-275.
Sandkaulen, B. 2019. *Jacobis Philosophie. Über den Widerspruch zwischen System und Freiheit*. Hamburg.
SW Schelling, F. W. J. 1856-1861. *Sämmtliche Werke*, hg. v. K. F. A. Schelling. Stuttgart/Augsburg.
Schelling, F. W. J. 1998 (2. erw. Auflage). *System der Weltalter. Münchener Vorlesung 1827/1828 in einer Nachschrift von Ernst von Lasaulx*, hg. v. S. Peetz. Frankfurt a. M.
Waibel, V., Danz, C. u. Stolzenberg, J. (Hg.) 2018. *Systembegriffe um 1800-1809. Systeme in Bewegung* (System der Vernunft. Kant und der deutsche Idealismus, Band 4), Hamburg.

(凡例および文献一覧作成：吉田量彦)

〈書　評〉

吉田量彦『スピノザ——人間の自由の哲学』（講談社現代新書、2022年）

人間スピノザの人間理解

木島　泰三

　フェリックスマイナー版のスピノザ著作集の訳者、バルトゥシャットに師事したスピノザ研究者による、幅広い読者を想定した著作である。分量は400ページ超と、新書としてはかなり大部だが、それも当然である。本書はスピノザの生涯と時代、そして形而上学、人間本性論、宗教論、政治論に至るスピノザ思想の全域をこの1冊で概観できる、極めて内容豊富な書物だからである。語り口は著者が「おとぎ話のような」と呼ぶ柔らかな文体で、随所にユーモアを交えながら、こみいったテーマも平易に読み解いていくので、スピノザに不案内な読者でもストレスなく通読できるだろう。

　構成は全15回の講義形式で、「スピノザの生涯(1)-(6)」と「スピノザの思想(1)-(9)」が交互に取り上げられ、最後に「その後のスピノザ」が来る。「交互に」とはつまり「生涯」編と「思想」編が別パートになっているのではなく、全編でスピノザの生涯を語り、その中に、生涯のその時期に書かれたスピノザの著書の解説が挟まれる、ということであり、読者は本書を通じ、スピノザの長いとは言えない人生をたどりながら、時折立ち止まってはその主人公の思想に耳を傾けることになる。著者はそれを「定点観測」と呼ぶ。

　第1回から第3回は「生涯」編で、スピノザの祖先の歩みから始まり、誕生から破門を経てオランダ国内を点々とする時期までを描く。開始早々読み手を瞠目させるのは、著者の丹念な事実関係の吟味である。著者は、既定事項と思われてきた（少なくとも書評者はそう思っていた）スピノザの誕生日が、極めてあやふやな根拠から推定されたものであることを地道な計算を重ねて指摘し、あるいは、スピノザの兄と姉のどちらが年上であったのかを周到な推理を重ねて考察する。ここには著者の研究者としての良心と探究心が存分に表れている。

　第4回は「思想」編の最初で、スピノザの全著作の概観がなされる。続く第

5回では、著者吉田氏が単独で翻訳した著作でもある、「裏の主著」たる『神学・政治論』執筆時期の政治情勢と同書執筆の背景が語られ、第6回から第8回では同書の思想の解説が展開される。内容は「道徳の書、共生の書」としての聖書理解や、同書におけるホッブズ的社会契約説の位置づけと「自然権」概念の独自性などいくつかのトピックに分かれるが、そのすべてを貫く重要なキイワードが「哲学する自由」であり、スピノザ自身の言葉が裏付ける通り、これこそが『神学・政治論』の中心主題であると位置づけられる。

　第9回は『神学・政治論』出版後、完成した『エチカ』の出版に尽力し断念するまでのスピノザの歩みとオランダの政治情勢が描かれる。これは「哲学の自由」が踏みにじられていく時代の描写でもある。そして続く第10回から第13回は『エチカ』の思想が主題となる。世界への神の内在というスピノザ形而上学の基礎を、人間を含む個物を「個物モードの神」として位置づけ、平易に読み解いた後、筆者の目はもっぱら『エチカ』における「人間」に向かい、さらに言えば人間の「自由」に向かう。「自由について」は『エチカ』第5部の副題であることからしても、これはスピノザ自身の言葉に裏付けられた『エチカ』の中心主題だといってもよかろう。ここで著者は、スピノザの決定論が決して人間の未来を閉ざすような思想ではない、という理解を明確にした上で、『エチカ』を人間が自由へ至るまでの道筋を求める書として読者に提示し、その軸に沿ってスピノザの感情および理性について、博士論文 *Vernunft und Affektivität* 以来の著者の研究成果をつぎ込みながら解き明かしていく。

　第14回では「生涯」編と「思想」編双方の幕引きとして、スピノザの死と『政治論（国家論）』の思想が扱われる（本書の構成を聞き、「生涯」が6回、「思想」が9回、「その後」が1回だとすると、1回分多くない？　と悩んだ人は吉田氏並に鋭敏である）。1つの主題は、社会契約説をめぐってスピノザは思想を変えたのか？という問いかけである。著者は、社会契約説は『神学・政治論』の段階ですでに「すわりの悪い」ホッブズからの借り物であったという見地から、原則的には思想の変化を否定しつつも、そこに「自由を尊重する政体の『強さ』」から「自由を尊重しない政体の『弱さ』」への力点の移動という「微妙な温度差」も見いだす。

　第15回はいわゆる受容史を没後すぐから19世紀まで追いかけている。印象

深いのはレッシングの「死んだ犬」というフレーズについての著者の考証である。現代日本の我々は見落としがちだが、かつて犬の死骸とは、迂闊に触れれば狂犬病を媒介しかねない危険な異物であって「誰も見向きもしない無害なもの、ありふれた無価値なものでは断じてありません」と著者は注意する──「犬の死骸はむしろ、うっかり出くわせば扱いに困る不穏なものであり、だからといって放置してしまえばだれにどのような迷惑がかかるか分からない危険なものであり、そしてそれにもかかわらず、具体的に何がどう危険なのかはっきりしない不気味なものなのです」──と（p. 372）。

　著者自身も「おわりに」で触れている点だが、入門書としての本書の特質の1つは、スピノザのかなり専門的な伝記と歴史的背景の知識を提供する点であり、もう1つは『神学・政治論』と『政治論』の、実践的文脈におけるスピノザ思想を取り上げている点である。著者は、その分『エチカ』の扱いが薄くなったのではないかと懸念するが、書評者の思うところ、扱いの多寡よりも重要なのは、本書が『エチカ』を、これらの著書と共にスピノザの生きた時代の中に据え、いずれも同一の著者の手になる書物であることを忘れずに読み解いている点にある。

　このような本書の方法的利点がとりわけ明確に示されているのが、『エチカ』論である第12回中の「コナートゥスと自然権──『エチカ』と『神学・政治論』をつなぐもの」と題された考察である。

　著者はこれに先立つ第8回で、スピノザの「自然権」を、ホッブズ的な（あるいは、それを含む、より一般的な）規範概念としての権利概念と峻別し、「社会のあるなしに関係なく、そのものに自然に備わった力からみて何ができる（できない）のか、ということを表現した事実命題」である、と規定した上で（p. 205）、このような事実命題で表現される「自然権」概念が、『神学・政治論』の中心主題である「哲学する自由」を根本で支えていたことを解き明かしていた。

　そして本書第12回では、これを踏まえた上で、「じつは、『神学・政治論』後半部の立論の核になっていた自然権という発想は、『エチカ』第3部以降の立論の核となるコナートゥスという概念を、政治哲学という限られた文脈の中

で先行公開したものだったのです」と述べ (p. 296)、2つの著書に通底する重要な思想の存在を示唆する。

　ここで著者は、『エチカ』と『神学・政治論』の単なる一致を指摘しているだけではなく、「自然権＝コナートゥス」という等式を積極的に活用し、両著におけるそれぞれの用語の意味を、他方の言葉を参照しつつより豊かな内実をもって捉え直している。例えばコナートゥスの「その人なりの自分のあり方にこだわろうとすること」という理解は (p. 292)、譲渡不可能な「自然権」として政治論の文脈に応用されたコナートゥスのあり方から、いわば逆算的に明確化されたと見られる。ここには、本書の著者の長年のスピノザ読解の成果と共に、いわば極太のマジックペンでラフな全体像を描くことを求められる、概説書ならではの利点が活かされているといえるかもしれない。

　このようなコナートゥス＝自然権と並んで、本書がスピノザの「裏の主著」と「表の主著」を貫く共通の主題として定位しているのは、先の紹介から明らかな通り「自由」であり、ここには著者のスタンスが示唆されている。すなわち、『エチカ』の自由概念は、『神学・政治論』において共同社会の平和と繁栄の基礎として提起され、我々が日々切実に希求している政治的自由であり人間的自由でもある自由概念と異なるものではなく、あるいは少なくともそれと地続きの概念だ、という理解である。

　『エチカ』の自由概念を、難解で日常的、常識的な自由概念とは異質な、いわば贋金的な概念であると見る解釈は存在する。例えばバーリンはおおむねそのような理解に基づき、スピノザを「個人の思想・言論・表現の自由を軽視する全体主義的思想家の典型」と見なす。そしてこれに対して著者は本書でも稀な、極めて辛辣な批判を浴びせる——「あまり他人の悪口を言いたくはないのですが、こういう解釈（とさえ言えない無知の所産）を目にすると、わたしは昔お笑い番組で見た『自然数を1から順に数えていく途中、素数のところだけあほの顔になる人』という一発芸を思い出します〔引用者注——「世界のナベアツ」時代の桂三度氏のネタ〕。スピノザのところだけ解釈があほになる思想史家というのは、昔も今も、そして結構有名な人の中にも、意外とたくさんいるので注意しなければなりません」(p. 220)。

　スピノザの自由概念についてのこのような理解は書評者も大いに共感するも

のであるが、本書を読み進めながら、スピノザのテキストを読み解くときの出発点とする前提の違いのようなものを書評者は見いだし、そのいくつかは当協会の合評会にて討議した。じっさい本書には、著者吉田氏の専門的業績の知見がふんだんに盛り込まれており、同氏の現段階のスピノザ解釈の総覧という面もある。その意味で本書は、専門のスピノザ解釈者にも必読の書物であるとも言えよう。

〈書　評〉

木島泰三『スピノザの自然主義プログラム
　　　　——自由意志も目的論もない力の形而上学』（春秋社、2021年）

自然主義と現代形而上学の観点から
スピノザを読む

立花　達也

　本書が備える次の二つの特徴に評者は共感を覚える。第一に、本書ではある種の「自然主義」的傾向を引き受けたスピノザ解釈が提示されている。第二に、現代の形而上学——分析形而上学とも呼ばれる——でなされている議論を積極的に用いてスピノザの主張が検討されている。以下ではまず、これらの特徴に絞って本書を簡潔に紹介する。だが包み隠さず言うと、本書はこれらの特徴に関して少なくない数の問題を抱えているとも評者は考える。この書評では、本書が抱える難点のうち自然主義に関するものだけ指摘しておきたい。

　第一の特徴から見ていこう。本書は、タイトルを見てもわかるとおり、現代の哲学に見られるある種の「自然主義」的傾向を引き受けている。だが残念ながら、「スピノザの自然主義プログラム」がなぜ「自然主義」と呼ばれ、またなぜ「プログラム」であるのかは本書を読んでも判然としない。とはいえ、それが指示するところは明確だ。すなわち、(1)自由意志概念の否定を伴う決定論または必然主義、およびその帰結としての唯現実論、そして(2)目的論的自然観の徹底的な否定である。ポイントは、これらがスピノザの「批判的課題」でもあるということだ。筆者によれば、「自由意志と目的論的自然観という二つの先入見が人間の認識を歪め、スピノザが見いだした哲学的真理の受容を拒ませている、という認識がスピノザにはあ」ったのであり、それゆえ上記の二つの立場を徹底する必要があったのである（本書 p. 4）。筆者は少なくとも、こうした課題が現代の科学と親和的であることを自明視しているようだ。強いて言えば、ここに本書の自然主義らしさを見いだせるだろう。

　筆者は『エチカ』第一部付録からこれらの課題を引き出し、それを解釈上の導きとしている（これが彼なりの「自然主義」の引き受け方である）。この課題の内実に分け入ると実際には数々の論争があるにせよ、こうした態度自体は珍しくなく、あえてそれを否定する論者も少ないはずだ。しかし、本書の美点は、因果性や力についてのスピノザの形而上学的主張を理解する際にもこの態度を徹底していることにある。決定論と両立可能な行為者因果説（第2章）や、目的論なき力の理論（第11章）といった、筆者によって打ち出されるスピノザ解釈は、その成否はどうあれこうした徹底性の反映であると言える。

　本書が備える第二の特徴は、現代形而上学の知見の積極的な援用である。本書には、スピノザの研究書ではふつう見られないような名前が多く登場する。アームストロングやロウ、モルナーといった、分析哲学のスタイルで形而上学を行う者たちである。もちろん、分析哲学的なスピノザ研究は決して目新しいものではない。古くはカーリーによって現代形而上学的な観点から、ベネットによって言語哲学的な観点からスピノザが読まれた。[1] しかし、「現代形而上学の知見を援用し、その〔＝スピノザの〕思想に理解可能な意味を確保」（p. 21）するという方針は、日本では必ずしも明確な仕方では打ち出されて来なかったと思われる。現代の形而上学における多岐に渡る議論の展開を踏まえるなら、現在であればスピノザの一見突飛な主張も整合的なものとして位置づけられるのではないか、と期待するのは評者には自然に思える。本書はそうした試みの一つであると言える。

　現代形而上学の読者の目を引くのはおそらく、スピノザによる因果性の議論を行為者因果（agent causation）の派生として理解する第2章、スピノザの存在論をロウの四カテゴリー存在論と比較する第5章、そしてスピノザの力の形而上学を現代の傾向性あるいは力の理論のもとで理解する第IV部（第9章〜第11章）であろう。とりわけ第2章は示唆に富む。そこではテイラーやロウによる行為者因果の議論が参照され、スピノザの因果性もまた行為者因果の派生として理解できることが示される。じつを言うと評者は最初、ここでなされている議論はほぼ因果的力（causal power）に関する議論で足りるのではないか、という疑いをもった。[2] 筆者は行為者因果というアイデアがもつミスリーディングなニュアンスや文脈を打ち消すための努力を支払っているが、それはそもそも行

為者因果に焦点を当てなければ済む話ではないか、と。しかし、筆者の紹介が適切であるならば、新アリストテレス主義者と呼ばれる人々にとっていまやそれ単体で扱われる因果的力の前史には行為者因果の議論があったというようにも理解ができ、それ自体興味深いことである（本当にそう言えるのかは評者に判断できない）。そしてなにより、個物の力を中心に据えるスピノザの因果性理解は行為者因果の派生であり、出来事因果とみなされてはならないという点は折に触れて思い返すべきだろう。たとえば、ビリヤードのキューで突かれたボールAがボールBに衝突するというとき、われわれは「キューとボールAが衝突する」「ボールAとボールBが衝突する」といった出来事の連鎖を見るのではなく、「ボールAが、キューによる他動的な因果的寄与を受けつつ、自らの変状としてその運動を内在的に産出し、この運動がまたボールBの運動に対して他動的に寄与する」というような因果的な力の連鎖的な行使を見なければならない。スピノザの因果性理解のこうした詳細な描像は、まさに現代形而上学の知見を援用することによって得られたものと言えるだろう。

　評者はここまで、本書の二つの特徴を指摘し、各々の望ましさを強調してきた。とはいえ、筆者の試みがすべて成功しているかどうかは別の話である。本書にとってなにより深刻な問題は、自然主義の明確な規定が与えられていないことだ。哲学的自然主義のいわば本質的な定義は困難であることが知られているが、しかしそれは、当座の定義すら与えずに自然主義について語ってもよいということを意味しないだろう。筆者によれば、自然主義とは「自然主義的人間観」ないし「自然内在的な人間観」を指すのだとされる。それについて筆者は次のように説明する。

　　例えばデカルトのような自由意志を備えた非物質的精神や、世界を創造した人格的超越神、またアリストテレスのような目的論的原理なしの、自然に内在する機械論的物理法則だけによって人間の営みが全面的に決定されているという見方を指すと言ってもよい (p. 4)。

　これがすべてである。ここには存在論的自然主義のような雰囲気をかすかに感じ取ることもできるが、しかし筆者の要点はあくまで次にある。すなわち、

自由意志なしかつ目的論的原理なしで、決定論的に人間の営みを説明すること
が自然主義的人間観であるということだ。だが、これは自由意志と目的論的自
然観の批判としての「自然主義プログラム」の「自然主義」性を説明する文と
しては論点先取であるか、端的に同じことの繰り返しである。それにもかかわ
らず、本書でなされる様々な主張を擁護しうる何らかの理論的な基盤があるか
のように語るとすれば、ひとはそれこそ容易に論点先取に陥るだろう。その結
果として、本書でときおり「自然主義的」と対置される「形而上学的」の意味
もまた曖昧になり、任意の主張を十分に規定することなくたんに形而上学的＝
反自然主義的であるとして退けることにもなりかねない。これは、本書の二つ
の特徴のあいだの関係が明確でないということでもある。

　定義の不在はまた、自然主義を標榜する者が本書を読む場合に困惑を生むだ
ろう。なぜなら、本書で「自然主義」的とされる主張の集まりが、存在論的自
然主義や方法論的自然主義とどう関わるのか分からないからだ。後者に限って
付言すれば、本書では科学的な知見をもとに主張が組み立てられることは一切
ないがゆえに、自然主義者の目には（否定すべき）第一哲学的な試みがなされて
いるとしか見えないはずだ。筆者は（少なくとも自然主義者に読んでもらいたいな
らば）、ある仕方で特徴づけられた自然主義から自由意志の否定と目的論的自
然観の否定が帰結する、ということを示すべきであった。さもなくば「自然主
義」という語はバズワードでしかない。

　本書は現代哲学の潮流にそって、様々な形而上学的知見をツールとして導入
してスピノザを解釈することを試みたものである。そうしたツールたちが博覧
会的に集められ、スピノザへと結びつけられたことは評価すべきであり、スピ
ノザの哲学に対して同様のアプローチを取ろうとする者にとって、本書は今後
一つの参照先となりうる。とはいえ、紙幅の都合で具体的に指摘できないが、
そのツールの扱いが必ずしもすべて明確であるとも的確であるとも言い難く、
結果として筆者の主張もしばしば曖昧になっている。本書は重要な示唆を含ん
でいるとも評者は考えるが、上述の理由から、スピノザや現代形而上学につい
てあまり詳しくない者はこれを手に取る際に注意が必要である。少なくとも、
用いられている概念の意味や言及されている文献を自身でも検討していくこと
が推奨される。またそれゆえ、すでにお読みになった方は、本書で否定された

主張や解釈のオプションにも依然として魅力がある可能性をぜひとも斟酌いた
だきたい。

●注

1）　E. M. Curley, Spinoza's Metaphysics: An Essay in Interpretation（Cambridge,
Mass.: Harvard University Press, 1969）; J. Bennett, A Study of Spinoza's Ethics
（Indianapolis: Hackett, 1984）.

2）　「因果的（な）力」は事項索引では立項されていないが、本書でも度々言及されて
いる（e. g. pp. 50-1, p. 54, etc.）。

スピノザ関連書籍の紹介（2019-22年）

平尾　昌宏

　ここのところ、スピノザ関連書籍の刊行が相次いでいます。2017年から毎年複数冊、22年も現時点ですでに3冊が上梓され、予告されているものが2点あります（一つは岩波書店『スピノザ全集』、もう一つは後述）。

　隔年刊行となった本誌『スピノザーナ』では、それら全てを時宜にかなって取り上げるのが難しくなっています。そこで、2019年以降に刊行されたもので、スピノザを主題的に論じたものを中心に、リストアップだけでもしておきたいと思います。[*]

　＊2017年、18年は翻訳が多かったので、最後にリストだけ掲げました。

スピノザ関連図書（2019-22年）一覧

　まずは、年ごとの一覧を掲げておきます。

【2019年】

- 秋保亘『スピノザ　力の存在論と生の哲学』法政大学出版局
- 江川隆男『スピノザ『エチカ』講義──批判と創造の思考のために』法政大学出版局
- 浅野俊哉『スピノザ〈触発の思考〉』明石書店
- 近藤和敬『〈内在の哲学〉へ──カヴァイエス・ドゥルーズ・スピノザ』青土社
- フレデリック・ルノワール（田島葉子訳）『スピノザ　よく生きるための哲学』ポプラ社

【2020年】

- 福岡安都子『国家・協会・自由──スピノザとホッブズの旧約テクストを巡る対抗　増補改訂版』東京大学出版会
- 國分功一郎『はじめてのスピノザ』講談社現代新書

- 木島泰三『自由意志の向こう側――決定論をめぐる哲学史』講談社選書メチエ
- 近藤和敬『ドゥルーズとガタリの『哲学とは何か』を精読する――「内在」の哲学試論』講談社メチエ
- 田中智志『独りともに在る――スピノザと象りの教育思想』一藝社

【2021年】

- 上野修／杉山直樹／村松正隆編『スピノザと十九世紀フランス』岩波書店
- 木島泰三『スピノザの自然主義プログラム――自由意志も目的論もない力の形而上学』春秋社
- 淺野章『スピノザの宗教観――感謝の観念を中心として』東京図書出版
- ピエール＝フランソワ・モロー（松田克進／樋口善郎訳）『スピノザ入門　改訂新版』文庫クセジュ

【2022年】

- 吉田量彦『スピノザ　人間の自由の哲学』講談社現代新書
- 河村厚『スピノザとフロイト――「不信仰の同志」の政治思想――』関西大学出版部
- 加藤泰史編『スピノザと近代ドイツ――思想史の虚軸』岩波書店

【補　遺】

- 安部能成『スピノザ　倫理学』電子版
- 河井徳治『スピノザ哲学論攷　自然の生命的統一について』創文社オンデマンド叢書

内 容 紹 介

　以下、大雑把に種類分けし、簡単な紹介を。

【スピノザ研究】

▌秋保亘『スピノザ　力の存在論と生の哲学』

　久しぶりに本格的なスピノザ論となった本書については、当協会でも合評会を開催し、立花達也さんと藤田尚志さんにコメントを頂きました（第69回研究会、2019年9月8日）。藤田さんによる評は『スピノザーナ』17号に掲載されて

いますので、ここでは簡単に。

　本書は若手の研究者による精緻なスピノザ研究で、文字通りの力作です。先行研究を手堅く踏まえながら、主としてスピノザの存在論、形而上学を綿密に描き出しています。しかしそれも、我々は実は生から閉め出されているのではないか、だとすれば、すでに現下にある生をいかにして肯定することができるかという倫理的な欲求こそスピノザ哲学の基底をなすとの理解に基づいています。

　本書については、『読書人』（同年3月29日号、平尾昌宏評）、『図書新聞』（6月1日号、江川隆男評）に書評が掲載された上、『フランス哲学・思想研究』（25号、朝倉友海評）に本書の特性を日本のスピノザ研究に接続した論評が掲載されています。藤田さんの評とはまた違った角度からのものなので、合わせてご覧ください。

　＊同誌はweb上で公開されています。

▌ 木島泰三『スピノザの自然主義プログラム──自由意志も目的論もない力の形而上学』

　本書は著者木島さんの長年の研究成果をまとめた博士論文の書籍化です。この数十年の日本のスピノザ研究がフランスの研究の圧倒的な影響下にあったことを考えると、英米の議論を活用した本書は新鮮です。

　内容的にも、スピノザ哲学を「行為者因果説」として読むといった大胆な試みがなされています。行為者因果説は、一般には決定論を排するリバタリアンと親和性がある考え方なので、決定論者スピノザにこの考えを帰するというのは、一見するとトンデモです。また、スピノザに、ある種の有機体論が見出されるとの議論も！　大胆な解釈に見えますが、大向こう受けを狙ったものではなく、テキストの精緻な読解から自然に導かれる形になっています。それによって、行為者因果説や有機体論そのものの換骨奪胎が行われていると言ってもいいかもしれません。

　本書については、合評会を開催しました（第70回研究会、2022年4月3日）。代表質問者として立花達也さんによるコメントを頂き、それは書評の形で本誌本号に掲載されていますので、ここでは簡単な紹介にとどめます。ただ、実を言

えば、私自身『図書新聞』（同年2月、3530号）に本書に関する短評を寄せたのですが、立花さんの評とはかなり違っていて、（自分を勘定に入れずに言えば）なかなか面白いことになっています。立花さんは本書を、その意義を認めながらも、分析哲学的な観点からスピノザ読解を目指したものとして読み、批判的に検討し、鋭く問題点を指摘しています。一方、分析哲学に疎い私は、古典哲学や現代英米圏の形而上学的概念を参照しながら、ともかくスピノザの議論を明確化しようとしているものと読み、その点に教えられることが大きかったと記しました。つまり、本書は、その意図をどう読むかによってかなり違って見えることになります。

　さらに、『フランス哲学・思想研究』（27号）に、朝倉友海さんが評を寄せられています。立花さんや私とはまた違った角度からの詳しい論評となっていますので、合わせて見てくださると興味深いと思います。

　なお、木島さんは非常に精力的に活動されており、本書の続編（元は博論の後半だったもの）も、次々に論文化されています。おそらくは、いずれそれらも一書としてまとめていただけるものと思います。

▍淺野章『スピノザの宗教観──感謝の観念を中心として』

　我々の協会ではノーチェックの1冊でした。

　分類するとすれば、本書は「スピノザ研究」の範疇に入るものですが、表題から窺える通り、スピノザ哲学の全体を捉えようとしたものというより、サブタイトルに示された独自のテーマ設定でスピノザにアプローチしたものとなっています。前半でスピノザの宗教観と感謝の観念を検討し（第1章、第2章）、後半では感謝の構造が考察され（第3章）、最後に両方を合わせて、「神に対する知的愛は感謝といえるか」という問いに解答が与えられる形です（第4章）。

　御年93歳の著者は、経歴から察するに、70歳を超えて大学院に入学され、修士論文として本書を物されたようです。「優れた研究」などと評しようとすると、かえって本書の意義を見失わせ、著者にも失礼に当たるかもしれません。実際本書は、研究書としては、不十分な面を多分に含んでいます。最も顕著なのは、近年のスピノザ研究を全く踏まえていないことです。スピノザ哲学を一種の理性宗教と解するというのも、かなり古風な見方だと言わざるをえません。

しかし本書は、単なる感想文ではありません。著者自身にとって切実な問題を、スピノザのテキストを手がかりに、できるだけ丁寧に概念的に取り扱おうとする真摯な姿勢は、哲学研究というものの原点を思い起こさせます。

【哲学史・思想史研究（単著編）】

ここ数年のスピノザ研究を見ると、上に見た秋保本や木島本のような、スピノザのテキストの内在的な読解の他に、哲学史・思想史的な研究が豊作であったことが分かります。そのうち、まずは単独の著者によるものを3点。

▌ 浅野俊哉『スピノザ〈触発の思考〉』

コロナ禍で開店休業状態を余儀なくされた当協会では全く取り上げることができなかった1冊です。

浅野さんの前著『スピノザ　共同性のポリティクス』（洛北出版、2006年）は、伝統的なスピノザ研究に見られた『エチカ』偏重に抗して、スピノザ政治哲学の復権を目指した野心的な解釈書でした。それに対して本書は、思想史研究の書だと言えます。ただ、古典的な思想家というより、主に現代の政治・社会思想家たちとスピノザとの関わりを取り上げています。興味深いのは、ネグリやシュトラウスといった、スピノザを論じた者たちばかりではなく、アドルノ、バーリン、シュミット、三木清といった、スピノザとの接点があまりなさそうな哲学者、思想家も取り上げている点です。

しかも浅野さんは、彼らがスピノザに言及した片言、とりわけ批判的な物言い（アドルノやバーリンなどはその典型）を取り上げて、スピノザに肩入れした立場から単に論うのではなく、彼らのテキストそのものを読み込み、その背景を辿ることで、彼らがそのように述べる理由、文脈を丁寧に示しています。もちろん、それによって彼らとスピノザとの間に和解がもたらされるといった微笑ましい光景は望めません。むしろ、そこには単なるすれ違いや誤解ではなく、繕いようのない溝が見出されます。同時に、それらを通して、スピノザの思考がいかに法外なものであったかが浮上してくる格好になっています。その内実については本書を参照して頂くことにしますが、そうしたスピノザの異質性に、浅野さんは、ネグリの言うような「未来の哲学」である証を見ておられるよう

です。その意味で本書は、通り一遍の思想史研究ではなく、全体として、逆照射されたスピノザ論になっています。

　なお、『読売新聞』（2020年01日26日、山内志郎評）と『図書新聞』（同年02月22日、平尾昌宏評）に本書の書評があります。

　＊そこで見出されるのが「無媒介性」（あるいは弁証法／目的論の拒否）、「外部なき思考」（あるいは内在性）ですが、前者は後掲河村本、後者は同じく近藤本のキーワードにもなっています。

▎福岡安都子『国家・協会・自由——スピノザとホッブズの旧約テクストを巡る対抗　増補改訂版』

　2007年に出た同名著作の増補改訂版です。大きな変更点は、「補論　グロティウスの主権論と「対抗」の問題」が付け加わったことです。そして、この増補分は、旧版と増補版の間に出版された The Sovereign and the Prophets: Spinoza on Grotian and Hobbesian Biblical Argumentation (Brill's Studies in Intellectual History, 2018) によってグロティウス理解が深められたことによります。

　浩瀚で緻密な本書は下手な要約を許しませんが、幸い、（本書そのものではないものの、）先に出た The Sovereign and the Prophets についてはシンポジウムを開催し、木島泰三さん、笠松和也さんのコメントを頂きました（第70回研究会、2019年12月8日）。また、それを契機として、本誌前号にも木島さんの書評、笠松さんの論文を掲載しています。また、旧版については、吉田量彦さんによる書評があります（『スピノザーナ』11号）。したがって、今回の増補新装版について言えば、本文については吉田さんによる書評を、増補分については前号の木島さんによる書評をご覧ください。

　そのため、ここでは詳しい紹介はしませんが、今回「哲学史・思想史研究」としてまとめたものの中で、本書は際立った特徴を持っていることは確認しておきたいと思います。前掲浅野本、この後に登場する河村本が典型ですが、その他の後掲論集も、スピノザと他の思想家との関係を描き出し、対比を行うことを主な課題にしていますが、本書はそうではなく、17世紀オランダに定位して、スピノザやホッブズ、グロティウスらの議論がその中でどのように位置

づけられるか、当時どのように読まれ、いかなる潮流を生み出したかを追っているという意味で、他の哲学史・思想史研究よりも、明確に歴史研究の側面が色濃いということです。

　なお、*The Sovereign and the Prophets*については、　レルケ（Mogens Lærke）さんによる書評もあります（*Archives de Philosopie*, 82, 2019）。

▌河村厚『スピノザとフロイト——「不信仰の同志」の政治思想——』

　本書については、第32回総会講演として（2022年6月11日）著者河村さんのお話を伺いましたが、今回の『スピノザーナ』に書評は載りませんでしたので、ここではその補いを少し。

　講演の際ご本人は、不十分なところがあると謙遜されていましたが、大きな意味のある浩瀚な1冊です。実際、スピノザとフロイトの思想内容の比較を論じた場面（第4章）で課題を残しているのは確かですが、長年の周到な調査に基づき、今まで完全な形で取り上げられてこなかったフロイトのスピノザ言及を枚挙して、かつ詳細に論じたという点で貴重なものです。河村さんの前著『存在・感情・政治』（2013年、関西大学出版部）の続編としての理論的な側面（スピノザ哲学を、コナトゥス概念を中心に読む）もありながら、本書が力点を置いているのは思想史研究です。しかし、「スピノザとフロイト」というタイトルからだけでは想像できないほどの豊かな著作となっています。サブタイトルにある「不信仰の同士」はハイネの言葉で、それをスピノザに言及したフロイトが引用している。そのため河村さんは、フロイトだけではなく、ハイネとスピノザの関係も追求します。そしてハイネのスピノザ論に大きな影を落としているヘーゲルとの関係が論じられ……、というように、「スピノザとフロイト」という、それ自体大きな研究課題が同時に、一つの入り口に過ぎないとさえ思えるほど、重層的な広がりもつことが明らかにされる格好になっています。

　第2部では、河村さんのご専門（倫理学、政治哲学）に応じて、ネグリ、ネス、ドゥルーズら、スピノザとの関連が比較的知られた哲学者たちはもちろん、カー、モーゲンソー、キッシンジャー、シュミットといった数多くの政治思想家との関係が論じられています。スピノザが現代の現実主義の政治思想家たちとこんな風にクロスするというのは、哲学畑だけを見ているとなかなか目に入ら

ないところです（少なくとも私などはそう）。

そして、第3部では、シュトラウスのスピノザ論への詳細な批判的検討が収められています。シュトラウスのテキストを訳出し、それに逐条的な批判的注解を付したこの部分も本書の圧巻です。

私は最初、これは本3冊分の内容だと思いました。しかし、河村さん自身が言うように、「超越的なものなしに、よき倫理と政治が可能か」という深層にある問題意識（序文、XV頁）が、本書の3つの部分を結び付けているのだろうと今では思います。

【哲学史・思想史研究（論集編）】

従来の日本のスピノザ研究は、何と言っても難解なスピノザ哲学、特に『エチカ』の読解に大きな力を注いできましたから、ヨーロッパでは従来から行われてきた受容史研究が手薄でしたが*、2000年前後から、にわかに盛んになりました。

> ＊ただし、工藤喜作『近代哲学研究序説』（八千代出版、1980年）はドイツのスピノザ主義受容史を扱った、希有な先駆的研究でした。残念ながら、タイトルから内容を伺うことが難しいせいか、研究者間でもあまり知られているようには思えません。

みなさんご存知の通り、上野修さんを中心として共同研究も始まり、その第一次の成果は岩波書店『思想』の「スピノザというトラウマ」特集にまとめられました（2014年4月、1080号）。この共同研究を拡張したのが、フランスに関しては、『主体の論理・概念の倫理』（以文社、2017年）と『スピノザと十九世紀フランス』です。他方ドイツに関しては、加藤泰史さんが中心となって共同研究が進められ、『スピノザと近代ドイツ』に結実します。

▎上野修／杉山直樹／村松正隆編『スピノザと十九世紀フランス』

『主体の論理・概念の倫理』では20世紀フランスが主舞台になりましたが、それに先立つ19世紀フランスにおけるスピノザのプレゼンス（あるいは不在）を取り上げた共同研究「二つのスピノザ・ルネッサンスの狭間——19世紀フランス哲学におけるスピノザの影」の成果が本書です。この2冊を合わせて、フランスのスピノザ受容が見渡せます。

　しかし本書は、単なるスピノザ受容史としてだけではなく、哲学史研究にお
いて大きな空白となっている19世紀フランス哲学の流れを浮上させたという
点でも画期的です。P=F・モローさんの概観を皮切りに、ドイツ哲学史のフラ
ンスへの導入（伊東道生）、フランスの汎神論論争（村松正隆）、テーヌ（杉山直樹）、
フランス社会主義（上野修）、ジュール・プラト（ベルナール・ポートラ）、フロー
ベール（山崎敦）、ルキエ（村瀬鋼）、タルド、リボー、デュルケムらの十九世紀
末（米虫正巳）、ラニョー（中村大介）、デルボス（近藤和敬）、シモーヌ・ヴェイユ
（佐藤紀子）というように、多くの切り口が見られるのが面白いです。個々の哲
学者だけではなく、思潮、時代に焦点を当てたものも含まれており、それによ
って19世紀フランス哲学が立体的に浮かび上がってきます。

　山崎さんの論考は『ブヴァールとペキュシェ』を取り上げたものでしたが、
『聖アントワーヌの誘惑』でのスピノザの影については、当協会の第30回総会
講演として（2020年12月19日）、山崎さんにお話を伺いました。ちなみに、スピ
ノザ–フローベール関連については、本誌前号のアズレー論文（三浦亮太訳「フ
ローベール、スピノザの翼にのって」）もありますので、併せてご覧ください。

　また、本書刊行後、「2つのスピノザ・ルネッサンスの狭間──19世紀フラ
ンス哲学におけるスピノザの影」とスピノザ協会との共催で、本書の合評会を
行いました（2021年3月23日）。執筆者各氏にご参加頂き、加藤泰史、杉本隆司、
鈴木泉のお三方にコメンテイターをお願いしました。なお、『フランス哲学・
思想研究』（27号）に、木島泰三さんによる書評が掲載されています。

▎加藤泰史編『スピノザと近代ドイツ──思想史の虚軸』

　これも『スピノザと十九世紀フランス』と同様、長年の共同研究の成果で、
同じ書肆から刊行されました（その意味では双子のような論集）。本書には、私
（平尾）自身が参加していることもあって、なかなか客観的な評価は難しいです
が、少なくとも、このテーマでこの規模の論集は今までありませんでした。先
立つ、ヤコービ『スピノザの学説に関する書簡』（田中光訳、知泉書館）とヘルダ
ー『神　スピノザをめぐる対話』（吉田達訳、法政大学出版局）待望の日本語訳に
本書と合わせて、ドイツにおけるスピノザ受容研究は大きく前進しました。

　ドイツのスピノザ受容に影響を与え、その素地を作ったとも言えるベール

（伊豆藏好美）とライプニッツ（佐々木能章）から始まり、レッシング（安酸敏眞）、メンデルスゾーン（後藤正英）、ヤコービ（佐山圭司）、ヘルダー（笠原賢介、シュアマン）、ゲーテ（中井真之）、という汎神論論争時代の思想家たちと、カント（加藤泰史）からフィヒテ（入江幸男）、シェリング（中河豊）、ヘーゲル（佐山圭司）に至るドイツ観念論者たちが取り上げられており、これによって、第一次スピノザ・ルネサンスを中心とするドイツの主要なスピノザ受容のあり方をまとめて読むことができます。ヴォルフ（平尾昌宏）、バウムガルテン（津田栞里）といった汎神論論争以前の状況や、ロマン派の文学者たち（平尾昌宏）など、今までスピノザとの関連があまり研究されてこなかったケースも取り上げられています。

　本書については『図書新聞』に書評が掲載されました（9月10日号、伊東道生評）ので、そちらもご覧ください。また、我々の協会でも今後、改めて研究会などで取り上げていく予定でいます。

【スピノザの活用】

　次には、独自の思索のために、あるいは、特定のテーマ・問題研究のためにスピノザを活用したものを紹介します。

▌江川隆男『スピノザ『エチカ』講義──批判と創造の思考のために』

　江川さんは、私の知る限り、今まで出された著作の全てでスピノザに言及されていますが、本書は、それらを改めて『エチカ』に即する形でまとめたものと言えます（ちなみに、本書以降の著作『すべては常に別のものである』（河出書房新社、2019年）、『残酷と無能力』（月曜社、2021年）でもスピノザは登場します）。しかし、江川さんは今まで独自に大胆な思索を展開されてきましたから、その意味では本書も「スピノザ研究」というより、江川哲学の立場からする、批判的対峙ないし創造的展開とも言えます。そのため、『エチカ』を第一部から順に読解するのではなく、順番を入れ替えて読む試みもなされており、また、内容的に言えば、『エチカ』の並行論の可能性を極限にまで拡張することで、道徳（つまり観念論的に肥大化した精神に基づくもの）への批判として読むという方向が明確に打ち出されています。江川さんの「主著」はおそらく『アンチ・モラリア』（河出書房新社、2014年）になると思いますが、これを『エチカ』に即して語り

直したものが本書だとも言えるかもしれません。

　当協会では、江川さんご本人にお越し頂き、平井靖史さん、鈴木泉さんによるコメントと討論を行いました。また、『読書人』(2019年5月17日号、朝倉友海評)、『図書新聞』(同年6月29日号、平尾昌宏評) に書評が掲載された他、『フランス哲学・思想研究』(25号、秋保亘評) にスピノチストから見た本格的な論評が載っています。

▌田中智志『独りともに在る──スピノザと象りの教育思想』

　著者の田中さんは教育学者です。そのこと (いわば畑違い) もあって、我々の協会の視野に入っていなかった本書は、興味深いとともに、非常に評価が難しい本です。

　田中さんの問題意識そのものは明確です。有用な人材を生み出そうとするだけの今日的な教育のあり方に違和を覚え、教育の本態に迫ろうというのです。そのために注目されるのが中世キリスト教思想の中にある「心 (アニマ) の鏡」。そして田中さんが、この「心の鏡」の探求のために用いようとするのが、スピノザの三種認識論なのです。しかも、その際にベースになるのは、スピノザそのものというより、とりわけドゥルーズのフィルターを通した図式です。

　著者がスピノザ認識論を重視するのは、それが単なる認識に関わるものであるからではなく、むしろ、教育にとっての存在論的な基盤となるとの思いからです。そのため、スピノザにさらにハイデガーまでもが接続されます。結果、スピノザのイマギナチオが積極的に評価され直すことになり (著者の言う「象り」として)、キリスト教における「神の像」の「象り」をモデルに、教育における共鳴・共振が取り出されることになります。

　もちろん、著者田中さんは中世思想とスピノザ、スピノザとハイデガーが無縁であることを承知しています。そういう意味では、この接続はハイブリッド、あるいはむしろキマイラとでも呼ぶべきもの (そう評しても著者が気を悪くされることはないと思います) をあえて生み出そうとする試みです。そのおかげで、スピノザから縁遠いはずの超越 (と言っても、その内実は教育における先導性のことですが) への道筋までが付けられます。

　私自身、本書の志向には共感する部分が多いですし、思考の道筋そのものは

理解可能です。にしても、スピノザの活用の仕方としてはやはり、異色と言わざるをえません。ただ、ある意味で言えばこれは、スピノザ哲学に予め埋め込まれているかに見える限界をいかに突破するかという試みとして見ることもできるかもしれません。

【入門・解説書】

　最後に、入門書・解説書を取り上げておきます。

▋ 國分功一郎『はじめてのスピノザ』

　本書も研究会や『スピノザーナ』で取り上げ損ねた一冊です。

　NHKの番組「100分de名著」に合わせて出版されたテキストに新章を加えた増補改訂版とのこと。國分さんは、デビュー作『スピノザの方法』（みすず書房、2011年）以降、スピノザ研究に留まらず、様々なメディア、チャンネルを通じて幅広く活躍されているため、本書（と、その元になったテレビ番組）のおかげで、喜ばしいことに、スピノザに触れる一般の人たち、若い人たちも増えているようです。

　生涯や著者についても触れられますが、焦点は『エチカ』。しかも、『エチカ』の順序におとなしく従うのではなく、倫理の問題から入って、かなり自由に語られているのが特徴です。國分さん自身、『エチカ』はどこから読んでもよく、おすすめの読み方は第四部からだと言っています。真実性が疑われるファン・ローンやコレルスによる伝記的なエピソードを用いることも辞さない、初学者を意識した語り口。ドゥルーズをベースにしているところも多いですが、自由意志の否定を説明した部分などでは、國分さん自身の『中動態の世界』（2017年、医学書院）を、また、第五章でのデカルトとの関係の部分ではやはりご自身の『スピノザの方法』を基にした説明がなされていますし、しきりにスピノザ哲学-倫理学にとっての「実験」の意義が強調される点なども國分さんの独自の論点です。

　総じて、何よりも『エチカ』を実践の書として、しかも、「ありえたかもしれない、もうひとつの近代」を示す哲学として読もうとするのが國分さんの目論見です。様々の哲学がアプリだとすると、スピノザはそもそもOSが違って

いる、と國分さんは言うのです。

　さらに、本誌が刊行される頃には、同じ國分さんによる新書『スピノザ——読む人の肖像』（岩波新書）も刊行される予定です（400頁をゆうに超える大冊になるとのこと）。

▌吉田量彦『スピノザ　人間の自由の哲学』

　本書については、当協会でも第32回総会講演会（2022年6月11日）の一環として、吉田さんご本人による自著紹介と、木島泰三さんによるコメント、討議が行われました。また、木島さんによるコメントは書評の形で、本誌本号に掲載されていますので、併せてご覧ください。ここでは簡単にご紹介だけ。

　本書は、上野修『スピノザの世界』（2005年）、國分功一郎『はじめてのスピノザ』に次いで、講談社現代新書で、何と三冊目のスピノザ本となります。スピノザ哲学、特に『エチカ』の中へと直接入っていこうとする前二者に対して、本書は生涯と著作、思想をバランスよく配した、非常にオーソドックスな体裁です。

　ただ、通り一遍の解説書ではなく、非常に吉田さんらしいものになっています。独特の文体の効果もありますが、読み物として非常に平易に書かれている中で、例えばスピノザの生年や兄弟たちといった歴史的な事実の探求の点でも、（少々のチートを使ってもスピノザ哲学の中に読者を直接導こうとしていた國分本とは対照的に）吉田さんの議論は事実一つすらゆるがせにしない厳密なものです。全体として、初学者に安心して勧められるものに仕上がっています。

【補　遺】

　最後に「補遺」として、必ずしもスピノザを主題とするものではないけれども関連あるもの、そして翻訳書を簡単に取り上げておきます。

▌近藤和敬『〈内在の哲学〉へ——カヴァイエス・ドゥルーズ・スピノザ』
▌同『ドゥルーズとガタリの『哲学とは何か』を精読する——「内在」の哲学試論』

　『〈内在の哲学〉へ』でのスピノザは、カヴァイエスとドゥルーズを共鳴させるための、いわば補助線です。それゆえ本書は、単なるスピノザ論ではないの

ですが、実はカヴァイエス論でもドゥルーズ論でもありません。構えが非常に大きく、野心的な著作と言うしかありません。500頁という分量は、近藤さんを駆り立てているものの大きさによると言うべきでしょう。現在我々が置かれている状況（いわゆる近代社会）の閉塞性を踏まえ、その「外」を思考すること。そのために求められるのが「内在の哲学」です。……とか言ってますが、本書は私にはかなり難しく、まともに紹介できません。ただ、近代哲学の王道としての「意識の哲学」とは違う、「概念の哲学」の系譜がここに浮かび上がってくるのは確かです。

　「概念の哲学」が方法の問題だとすれば、それが描こうとする内実が「内在」です。この点については、タイトルにも副題にも「スピノザ」の名前はないものの、実際にはスピノザが活躍する『精読する』の方が見通しやすい気がします。こちらも、『哲学とは何か』の解説書を擬態しているものの（実際、そう読むことはできますが）、むしろ副題にある通り「「内在」の哲学試論」となっています。

　ただ、自身の問題探求のためにスピノザを活用するだけではなく、近藤さんはスピノザ受容史の文献的・実証的研究にも力を注いでいます。前掲『主体の論理・概念の倫理』に結実する共同研究の中心メンバーでもありました（『〈内在の哲学〉へ』にはそれが反映されています）し、『スピノザと十九世紀フランス』にも寄稿。それ以降も、19世紀から20世紀にかけてのフランスのスピノザ受容、スピノザ研究について継続的に論文をお書きになっています。これら併せて読まれると、今まで埋もれていた思想史の線（もちろんそれは「内在の哲学」と関わるわけですが）がグンと浮上してきます。

　なお、『〈内在の哲学〉へ』については、『フランス哲学・思想研究』（25号、三宅岳史評）に詳しい書評があり、『読売新聞』（2019年9日22日号、山内志郎評）、『図書新聞』（同年10月12日号、中村大介評）にも短評があります。また、『精読する』については、『フィルカル』（5（3）号、2020年、内藤慧評）と『図書新聞』（同年1月30日号、小倉拓也評）に書評があります。

▌木島泰三『自由意志の向こう側──決定論をめぐる哲学史』

　決定論、それと混同されやすい運命論（スピノザもしばしばそう誤解されまし

た）を巡る問題史的な哲学史書です。著者の一人称に「僕」が選ばれており、難しいテーマなのに読みやすく、一般の読者を獲得するのに成功しました。

　本書は決定論をテーマとしており、必ずしもスピノザを中心に論じたものではありません。むしろ、メインは決定論を巡る概念的な整理や、木島さんの大きな関心からすれば、進化論による目的論的な錯視の超克にあると言ってよいと思います。しかし、著者の木島さんが非常にアクティブなスピノザ研究者であるばかりではなく、注目すべきことに、本書の構想の骨格をなしているのが『エチカ』第一部の付録に示されている構図であることは見逃せません。

　そのため当協会でも、第31回総会講演（2021年6月19日）として、ご本人に講演をお願いしました。なお、本書については、『読売新聞』（同年1月23日、瀧澤弘和評）に書評が、また『フランス哲学・思想研究』（第26号）に平井正人さんによる特色ある論評が掲載されました。

▌ フレデリック・ルノワール（田島葉子訳）『スピノザ　よく生きるための哲学』

　著者は宗教に関する多くの著作を持つベストセラー作家です。前半にスピノザの時代と生涯、後半に『エチカ』の概説を配しています。その意味ではスピノザ入門といった体裁ですが、その基本的な姿勢は、副題通り一種の人生論であり、全体に一般向きの書物です（ただし、原題は『スピノザの奇蹟』）。そのため、生涯に関して今は否定されたスピノザ伝説と最新の研究成果とがない交ぜになっており、『エチカ』に関しても正確なスピノザ理解というよりも、そこから我々の生き方について何を引き出すかが著者の関心です（スピノザとイエスやヒンズー教、古代インド哲学などがしばしば比較されるのもそのため）。本書が非常にスムーズに話を進められているのも、『エチカ』で言えば第一部、第二部をあっさりと済ませて、第三部以下を重点的に取り上げているからです。

　著者のスピノザへの思い入れは相当のものですが、面白いことに、結び部分ではスピノザの女性観、動物観への違和感が率直に吐露されています（これも現代的な観点からしばしば取り上げられるものではありますが）。また、スピノザの研究者、仏訳者として知られるロベール・ミスライとの往復書簡が収録されており、そこで解釈の違いについても触れられているのも興味深いところです。

▍ピエール゠フランソワ・モロー（松田克進／樋口善郎訳）『スピノザ入門』改訂新版

　本書は定評ある旧版が2008年に翻訳出版されており、読まれた方も多いと思います。ここで改めて紹介するまでもないかもしれませんが、今回の新版が出たのを機に、簡単に。

　そもそもクセジュ文庫のスピノザ本には、1973年に出たジョセフ・モロー（竹内良知訳）の『スピノザ哲学』がありました。ピエール゠フランソワ・モローによる旧版は、これについで二冊目。そして、今回の改訂新版で、実質上は三冊目となります。

　著者のモローさんは現代フランスのスピノザ研究を牽引してきた第一人者だと言えるでしょう。実際、本書の旧版『スピノザ入門』は、コンパクトな中に、生涯、著作、思想から受容史に至るまで、それぞれ簡潔でありながら、おどろくほど広範にわたる話題が盛りだくさんな好著でした。それに加えて今回の版では、スピノザと日本の関わり（もちろんご存知の通りスピノザは、『神学政治論』で日本に言及しています）に触れた付論が追加されて再登場となったわけです。

　他にも、昭和初期 (1935年) に岩波書店の「大思想家文庫」の一冊として刊行された安部能成『スピノザ　倫理学』が電子版として、また、1994年刊行の河井徳治『スピノザ哲学論攷　自然の生命的統一について』が、創文社オンデマンド叢書という形で復活を遂げています。

　スピノチストのみなさんにとって目新しい情報はなかったかもしれませんが、以上、ひとまず簡単な紹介として。今後はこうしたサーヴェイを、論文や海外の研究に関しても『スピノザーナ』に取り入れていきたいと考えています。

追記：この他、2019年には、藤本成男『大いなる自然を生きる──エチカと正法眼蔵をめぐって』（大学教育出版）が刊行されていたことが分かりました。ひとまず追記のみ。他にも、抜け落ちているものがありましたら、事務局までお知らせください。

参　考
【2017年】
●上野修／米虫正巳／近藤和敬編『主体の論理・概念の倫理：二〇世紀フランスのエピステモロジーとスピノザ主義』以文社

- ●ルイス・ホワイト・ベック（藤田昇吾訳）『6人の世俗哲学者たち：スピノザ・ヒューム・カント・ニーチェ・ジェイムズ・サンタヤナ』晃洋書房
- ●蜷川泰司『スピノザの秋』河出書房新社
- ●アリエル・シュアミ／アリア・ダヴァル（大津真作訳）『スピノザと動物たち』法政大学出版局

【2018年】

- ●スピノザ（佐藤一郎訳）『知性改善論／神、人間とそのさいわいについての短論文』みすず書房
- ●フリードリッヒ・ハインリッヒ・ヤコービ（田中光訳）『スピノザの学説に関する書簡』知泉書館
- ●ヨハン・ゴットフリート・ヘルダー（吉田達訳）『神：第一版・第二版　スピノザをめぐる対話』法政大学出版局
- ●國分功一郎『〈NHKテキスト　100分de名著〉スピノザ『エチカ』』NHK出版

これらのうち、『主体の論理・概念の倫理』と『スピノザ『エチカ』』については上でも触れました。

佐藤一郎さんによる『知性改善論／神、人間とそのさいわいについての短論文』は詳細な訳注を含む労作で、当協会でも刊行に合わせたイベントを企画しておりました。ところが、コロナ禍で延期を余儀なくされ、オンライン開催は佐藤さんが固持されたため、残念ながら、お流れとなりました。痛恨です。

一方、久しく待望されていたヤコービ『スピノザの学説に関する書簡』とヘルダー『神』の翻訳が刊行されたことは喜ばしいニュースでした。翻訳の労を執られた田中さん、吉田さんには感謝しかありません。

カント研究で知られるベックさんの問題史的な哲学史本『6人の世俗哲学たち』では、宗教の領域確定のために科学・哲学を持ち出す世俗哲学者たちと、宗教的価値を他の生活・文化的価値との関わりで考察した世俗哲学者たちが扱われます。前者がヒュームとカント、それに対して後者がニーチェ、ジェイムズ、サンタヤナ。スピノザはもちろん前者として位置づけられ、『神学政治論』と『エチカ』が解説されています。『スピノザと動物たち』は一応スピノ

ザ解説書ですが、これで「スピノザ入門」できる人は限られるかもしれません。原題を直訳すると『動物によるスピノザ』。スピノザに関する著書もあるシュミアさんが動物についてのスピノザの文章（正確には動物についてばかりでなく、ともかくスピノザのテクストの非常に具体的な断片）を元に解説・敷衍し、そこに、ダヴァルさんの緻密な挿絵が加えられています。大人向きのスピノザ絵本とでも言うべきもの。

　最後に、おそらくスピノチストの目に入っていないと思われる『スピノザの秋』は小説です。しかし、著者によれば、タイトルに入っている「スピノザ」は単なるお飾りではない、とのこと。実際、スピノザの読者であれば、「ふむふむ」と思わされる箇所があちこちに埋め込まれています（小説としては、一風変わった、一筋縄でいかない作品ですが）。

スピノザ協会について

　スピノザ協会は1989年3月27日、日本におけるスピノザ研究およびスピノザの思想の理解のための活動をうながすことをめざし設立されました。研究者ばかりでなく、ひろくその思想に関心をもつかたがたによびかけ、活動しています。

おもな活動内容
- 年1回の総会を開催
- 研究会、講演会などの開催
- 内外のスピノザ研究の成果を紹介する学術誌『スピノザーナ：スピノザ協会年報』の発行
- オランダ、フランスをはじめとする海外のスピノザ協会との交流や情報交換
- 共同研究の支援、研究資料などの提供

入会について
- 規約に定める目的に賛同し、年会費を納めることを要件とする
- 会員は、本協会の開催する会合、催しの通知を受け、これに出席できる。また年報などの配布を受ける

＊詳しくは、協会のサイトをご覧ください。申し込みは事務局宛のメールでお願いします。

運営委員 (任期2021〜2022年度／2021.6.19選出)
朝倉友海、上野修 (代表)、柏葉武秀、木島泰三 (広報)、鈴木泉 (企画)、平尾昌宏 (事務局・編集)、藤井千佳世、吉田量彦 (編集)

規　　約 (1989.3.27発足会合で制定/2000.4.22/2005.4.2総会で改訂)

1. 本会は「スピノザ協会」と称する。
2. 本会は事務局を東京都文京区本郷7-3-1 東京大学哲学研究室内におく。
3. 本会は、スピノザ (Baruch Spinoza 以下スピノザと呼ぶ) 研究者およびスピノザの思想に関心をもつ者の交流を通じ、スピノザの思想の理解および研究に役立つ活動を補助、推進することを目的とする。
4. 本会の活動は、情報の交換を主とし、つぎのことを行なう。
    4.1 年1回の総会の開催。
    4.2 内外の研究成果および動向を紹介する年報の発行。

4.3 会員の情報交換の補助、促進。

4.4 その他第1項の目的に合致する活動。

5. 本会は、限られたスピノザ研究者あるいは愛好家だけのものではなく、一般に対し開かれた会である。

6. 本会の目的に賛同し、年会費を納入した者はすべて会員と見なされる。

7. 年会費の額は総会において決定する。

8. 運営委員若干名を置き、委員の互選により、代表および事務局幹事各1名を選出する。

9. 運営委員の任期は2年とし、総会で承認、任命される。ただし再任を妨げない。

10. 事務局は協会の事務を担当し、運営委員会がこれに責任を負う。事務局幹事は必要人数の書記を任命し、これとともに事務局を構成する。

会費及び寄付に関する補則（2000.4.22総会で制定/2004.3.28総会で改訂/2008.4.19総会で再改訂/2010.5.8総会で附則1-1, 1-2を追加）

1　一般会員の年会費は4,000円*とする。ただし協会維持への特別の貢献に賛同する会員は維持会員とし、年会費を6,000円とする**（2008年度より）。

　　附則1-1.　学生会員は申告のあった年度につき年会費を3000円とする（2010年度より）。

　　附則1-2.　75歳以上の会員は申告に基づき年会費の納入を任意とする（2010年度より）。

2　4期連続で滞納した場合は会員の権利を失う。

3　毎年発行する『年報』は、前年度会費滞納者には無料配布しない。

4　寄付者の氏名はそのつど会報で報告する。ただし寄付者本人が公表を望まない場合はそのかぎりではない。

　*［事務局注記］1998年度までは2,000円、2004年度までは3,000円です。

　**［事務局注記］維持会員になっていただける方は事務局にお知らせ下さい。

『スピノザ協会年報』投稿要項（1998.4.25総会で制定/2001.3.31総会で改訂）

1　掲載原稿の種類

　　(a) 総会およびスピノザ研究会での報告者による報告内容に関する論文

　　(b) 投稿論文

　　(c) 書評

　　(d) 翻訳・資料紹介

　　(e) エッセイ・その他

2　執筆者の資格

　　2.1　原稿の種類(a)は総会および研究会の報告者。必要と認められた場合、その

報告に関係する者（司会者や質問者等）の寄稿も受け付ける。

2.2 原稿の種類(b), (c), (d), (e)の投稿は、原則としてスピノザ協会会員にかぎる。ただし編集委員会が協会の活動に有益と認め、掲載に適当と認めた場合には、非会員にも執筆を依頼できる。

3 審査

3.1 投稿された論文等については、編集委員会または編集委員会の委嘱するレフェリーが審査を担当する。編集委員はスピノザ協会運営委員が兼務する。

3.2 投稿された論文等について、編集委員会は加筆や短縮、この要項の1項に定める掲載原稿の種類を変更することなどを求める場合がある。

4 原稿の内容

協会の活動に寄与するもの。特に論文については、スピノザの哲学・思想の研究に寄与するもの。

5 原稿の分量

5.1 原稿の種類(a), (b)に関しては、16,000字（400字詰原稿用紙40枚）以内。

5.2 原稿の種類(c)に関しては、4,000字（400字詰原稿用紙10枚）以内。

5.3 原稿の種類(d), (e)に関しては、とくに制限をもうけないが、編集委員会の判断により短縮をお願いする場合がある。

5.4 編集委員会がこの要項の3.2に定める書き直しなどを求める場合、編集委員会は5.1および5.2の制限をこえる分量を認めることができる。

6 原稿の形式

6.1 原資料などを除き、原則としてワープロ入力による原稿とする。データの様式などについては「スタイルマニュアル」を参照のこと。「スタイルマニュアル」は編集委員会が必要に応じて見直し、随時改正できる。

6.2 データ入力がどうしても不可能な場合、手書き原稿も受け付ける。ただし入力作業に時間を要するので、投稿締切の2週間前に提出のこと。また入力経費が嵩む場合、編集委員会で検討のうえ、執筆者に負担をお願いする可能性がある。

6.3 原稿の種類(a)と(b)には、英文要約（400語以内）を添付すること。また、すべての原稿に英文題名を並記すること。

6.4 原稿およびフロッピーディスクは返却しない。

7 著作権

原稿の著作権は執筆者本人に属する。ただし本人が同一原稿を（自分の論文集などに）別途使用する場合、当協会にその旨通知しなければならない。また、執筆者以外の者が、年報に掲載された原稿を（他の雑誌などに）別途使用する場合には、執筆者本人ならびに当協会の許諾を得なければならない。

スピノザ文献オンラインネットワークSBON

ドイツのスピノザ協会が構築してきたスピノザ文献オンラインネットワーク (Spinoza Bibliography Online Network = SBON) に各国からの参加が求められています。SBONにはすでに、1653年から現在に至るまでのスピノザ関係の文献5,000件あまりが登録されています。ドイツはもとより、各国のスピノザ協会や研究集団が協力しています。2007年に日本のスピノザ協会もプロジェクトに参加することになりましたのでご紹介します。

SBONがすばらしいのは、誰でもインターネットを介して文献情報を入力・提供し、自分の論文や紹介したい著作を世界中の人々に知ってもらえることです。日本の研究が海外に知られる貴重なチャンスと言えます。タイトルなどには日本語も入力でき、日本語での検索にもヒットします。

アドレスは、http://www.spinoza-bibliography.de/です。簡単な操作法は、スピノザ協会のウェブサイトでご覧頂けます (http://www1.odn.ne.jp/gakuju/kyokai/SBON.htm)。

送られた情報はいきなり公開されず、いったんSBONスタッフによるチェックに回ります。日本からの情報提供に関してはスピノザ協会がチェックに協力します。SBONの上で公開されるのはそのあとであり、また公開後も随時修正できるので、安心して入力できます。

SBONは今後、ますます重要なスピノザ文献データベースになってゆくでしょう。検索のご利用がてらぜひお試しになってください。

スピノザ協会活動の記録 (2021-22年度)

I. 総会・講演会

第32回総会講演　2022年6月11日 / オンライン
- 河村厚「『スピノザとフロイト』に書いたことと書かなかったこと」

II. 研究会・ワークショップ

第69回研究会　2021年11月20日 / オンライン
〈日本におけるスピノザ受容をめぐるワークショップ・第2回〉
- 竹花洋佑「田辺元のスピノザ理解——「限りの神」(deus quatenus)をめぐって——」
- 朝倉友海「スピノザ批判としての西田の絶対無」

第70回研究会　2022年4月3日 / オンライン
- 樋口朋子「卓上の「私」——クッキングレシピとしてスピノザ『エチカ』を読むことについて」
〈木島泰三著『スピノザの自然主義プログラム』合評会〉
- 木島泰三「『スピノザの自然主義プログラム——自由意志も目的論もない力の形而上学』の著者解題——先行研究との関わりを中心に」
- 立花達也「スピノザの自然主義プログラムを推進するのは誰か？」
〈日本におけるスピノザ受容をめぐるワークショップ・第3回〉
- 吉田和弘「スピノザ協会の設立と展開」

第71回研究会　2022年6月11日/オンライン会場
〈吉田量彦著『スピノザ　人間の自由の哲学』(講談社、2022年) 合評会〉
- 吉田量彦「自著紹介」
- 木島泰三「吉田量彦『スピノザ　人間の自由の哲学』合評会へ向けてのコメント」

『新時代のデモクラシー』

（『政治思想研究』第22号）

2022年5月1日発行

【A5判・並製・本体価格2500円】

発行＝風行社

編集＝政治思想学会（代表理事　木部尚志）

〒070-8621 北海道旭川市北門町9丁目

北海道教育大学旭川校　田畑真一研究室内

政治思想学会事務局

編 集 後 記

　この第18号から『スピノザーナ』編集に携わることになったわたしですが、編集作業が一番忙しい時期に体調を崩してしまい、結局大部分の作業を平尾昌宏さんにお任せすることになりました。名ばかりの編集責任者になってしまい、誠に申し訳ない限りです。次からはもう少しお役に立てるよう努めさせていただきます。

　体調を崩す前に一生懸命調べていたのは、お墓のことでした（それで身体を壊したわけではないと思いますが）。以前別の所でも書きましたが、ドイツ連邦共和国ハンブルク市のアルトナ地区には、セファルディムの創設に遡る（1611年）ものとしてはアルプス以北で最古とされるユダヤ人墓地が今も残っています。ユダヤ人関連施設を異常なしつこさで破壊して回ったあのナチスでさえ、規模が大きすぎて破壊を後回しにした（そして、実行する前に滅亡した）と言われるほど広大です。

　スピノザと関係ないじゃないか、と思われたかもしれませんが、実はないこともないのです。最終的にこの地にたどり着いたセファルディムは、大抵その前にアムステルダムを経由しており、定住した後もさまざまな人的・物的関係を維持していたと考えられるからです。たとえばスピノザの先駆者のように語られることの多いウリエル・ダコスタは、1610年代に一旦アムステルダムを経由してからハンブルクに落ち着いたものの、1620年代に現地のユダヤ人共同体から破門されたためいられなくなり、再びアムステルダムに戻った（そして、そこでもやがて破門された）ことになっています。

　ダコスタが一時的にせよ「落ち着いた」のは、本当にハンブルクだったのでしょうか。現地の郷土史関係の文献を色々調べてみたところ、どうも怪しく見えてきました。ルター派一色に染め上げられたこの時期のハンブルクは、どう見てもユダヤ人が落ち着けるような町ではなかったからです。市議会に居住申請をはねつけられ続けた彼らに、ようやく滞在許可が（ぼったくり価格の「保護料」の納入と引き換えに）下りるようになったのは、まさにダコスタ一行がやって来た1610年代に入ってからのことです。ハンブルクでは、その後もルター

派の聖職者たちによる悪質な反ユダヤ的群衆扇動が、17世紀全般にわたって繰り返し起きています。

　この結果、割と多くのユダヤ人が、ハンブルクの西隣のアルトナに居住し、商売上の必要に応じてハンブルクに通うという二重生活を送っていたようです。ただ、デンマークがアルトナを都市認定するのは17世紀も後半になった1664年のことですから、この頃はハンブルクの「隣町」ですらないわけで、遠方の交易相手にアルトナなどというローカルな地名を出しても分かってもらえなかったでしょう。それなら最初から開き直って、ハンブルクという通りのよい名前を使っておく方が、やり取りに支障が出なくなります（そう、埼玉県にある大学でも、つい東京××大学と名乗ってしまうように）。もちろん証拠はありませんが、恐らくはダコスタも、そういう二重生活を送っていたユダヤ人交易商人の一人だったのではないかと思われます。

　アムステルダムでピストル自殺したダコスタは、もちろんアルトナのユダヤ人墓地にはいません（というか、彼に墓はあるのでしょうか）。調査や文献収集のついでに何度か訪れたことがありますが、いい感じに苔むした墓石（セファルディムとアシュケナズィムで全く形が異なります）が薄明るい木漏れ日の下に延々と並んでいて、広大な墓域を歩き回っているだけで気持ちが落ち着きます。次にあそこに行けるのは、いつになることでしょう。新型コロナウィルス感染症の一日も早い収束を、改めて願うばかりです。　　　（吉田量彦記）

○ 当誌は会員に配布することが原則ですが、書店でも書籍扱いで注文できます（発売：学樹書院）。継続購読をご希望の場合は、下記メールアドレスまたは発行所まで照会してください。

スピノザ協会事務局：spinoza.japan45@gmail.com

○ 送付先に変更・訂正が必要な場合、発行所まで連絡してください。

○ 投稿については、巻末「スピノザ協会について」をお読みください。なお、投稿は随時受け付けています。

○ 当協会では、スピノザに関する情報や催しについて、下記ウェブサイトで案内しています。

http://www1.odn.ne.jp/gakuju/kyokai/spinoza.html

スピノザーナ ——スピノザ協会年報—— 第18号（2021-2022）

2022年12月20日発行

発行所　　スピノザ協会（代表・上野修）
〒113-0033　東京都文京区本郷7-3-1
東京大学文学部哲学研究室
郵便振替 00180-7-411409「スピノザ協会」

発売元　　株式会社学樹書院
〒151-0061　渋谷区初台1丁目51番1号
初台センタービル6階
https://www.gakuju.com/
☎ 03-5333-3473　FAX: 03-3375-2356

印刷所　　Smile with Art

ISSN 1345-160X©Spinoza Kyôkai 2022/ISBN 978-4-906502-87-5